中国博士后科学基金会第11批特别资助项目"土地开发权定律问题研究"（项目编号：2018T110384），中国博士后科助项目"城乡建设用地置换中土地开发权研究"（项目编号：2017W621436），2019年上海交通大学凯原法学院前沿交叉研究基金项目"新科技生态下的法律工程学应用研究"（项目编号WF118119003/001/042）阶段性研究成果

人工智能法学简论

A BRIEF DISCUSSION ON THE LAW OF ARTIFICIAL INTELLIGENCE

孙建伟　袁曾　袁苇鸣 ◎ 著

知识产权出版社
全国百佳图书出版单位
—北京—

图书在版编目（CIP）数据

人工智能法学简论 / 孙建伟，袁曾，袁苇鸣著 . —北京：知识产权出版社，2019.11（2021.7重印）

ISBN 978-7-5130-6381-4

Ⅰ. ①人… Ⅱ. ①孙… ②袁… ③袁… Ⅲ. ①人工智能—法律—研究 Ⅳ. ①D912.174

中国版本图书馆 CIP 数据核字（2019）第 165459 号

责任编辑：齐梓伊　唱学静　　　　　　责任校对：谷　洋
封面设计：张新勇　　　　　　　　　　责任印制：刘译文

人工智能法学简论

孙建伟　袁曾　袁苇鸣　著

出版发行：	知识产权出版社 有限责任公司	网　　址：	http://www.ipph.cn
社　　址：	北京市海淀区气象路 50 号院	邮　　编：	100081
责编电话：	010-82000860 转 8112	责编邮箱：	ruixue604@163.com
发行电话：	010-82000860 转 8101/8102	发行传真：	010-82000893/82005070/82000270
印　　刷：	北京虎彩文化传播有限公司	经　　销：	各大网上书店、新华书店及相关专业书店
开　　本：	720mm×1000mm　1/16	印　　张：	11.25
版　　次：	2019 年 11 月第 1 版	印　　次：	2021 年 7 月第 2 次印刷
字　　数：	142 千字	定　　价：	48.00 元
ISBN 978-7-5130-6381-4			

出版权专有　侵权必究

如有印装质量问题，本社负责调换。

序

沈国明

(上海交通大学凯原法学院讲席教授)

孙建伟是喜欢自我加压的。他任编辑部副主任和责任编辑的《东方法学》，把办成国内一流法学刊物作为工作目标，而编辑部人手紧张，他们这几个编辑很少有喘息的机会。在这么紧张的编辑工作之余，他却争分夺秒，和同在上海交通大学凯原法学院博士后流动站工作的袁曾，以及上海大学出版社的编辑袁苇鸣合作，写出了《人工智能法学简论》，为这个学术界的热门话题又加了一把火。

人工智能的发展可谓突飞猛进，我们年轻时科幻作品中的一些畅想，现在正在变为现实。一个由人工智能新技术、新理念赋能的新时代正在到来。目前，在教育、健康、金融、零售、交通、制造、服务等领域，人工智能的作用在迅速显现，为经济社会发展注入了新动能，深刻改变着人们的生产生活方式，连普通市民的日常生活，也感受到了人工智能带来的巨大便利以及所产生的广泛影响。人脸识别、指纹识别，普及到了普通居民的出入门禁。人工智能菜场遍地开花，无人售货商店不再是稀罕物。人机对话已经替代了很多公共服务的形式，智能化的产品和服务越来越普及，而且更新换代的速度在加快。即使在司法领域，人工智能也在扩大运用范围，目前，大量的辅助性工作已经由人工智能产品承担，今后，一向被认为是亲历性的庭审工作，人工智能可否在其中发挥更大作用也未可料。

让我对人工智能无穷潜力感到吃惊的是，人工智能程序"阿尔法围棋"（AlphaGo）居然战胜了职业棋手。众所周知，围棋"自古不重盘"，这是因为围棋的变化数量实在太大。科学家认为，围棋需要计算的变化数量远远超过已经观测到的宇宙中原子的数量。可是，科学家凭借某种难以复制的算法或直觉，运用"深度学习"技术研究围棋软件，使人工智能程序在围棋技艺上获得巨大提升，最终战胜了职业棋手。由此可以推断，人工智能的发展和应用有着巨大空间，未来存在着无限可能性。

全面深化改革，创新驱动发展，既对人工智能有着巨大的需求，也有力地推动人工智能的发展。习近平总书记指出，"中国正致力于实现高质量发展，人工智能发展应用将有力提高经济社会发展智能化水平，有效增强公共服务和城市管理能力"。人工智能和智能一样，作为新型生产力，将成为中国高质量发展的动力，中国经济社会的发展，也将成为人工智能发展的动力。

对于人工智能对经济社会发展带来的影响，以及对企业生存发展带来的影响，我们必须有清醒的认识。马云关于企业未来命运的一段话，很有启示意义，他认为，未来10到15年，传统制造业面临的痛苦将会远远超过今天的想象。企业如果不能从规模化、标准化向个性化和智能化转型，将很难生存下去。未来成功的制造业一定是用好智能技术的企业，因为不会用智能技术的企业，将全部进入失败领域。马云的判断，明白无误地说明了智能技术的重要性。抓住历史机遇，发展智能技术，用好人工智能，对于经济健康和持续发展是有现实意义的。各级政府对此都有清醒认识，工业和信息化部出台过不少相关文件，上海市政府也出台过《关于加快推进人工智能高质量发展的实施办法》等文件，聚焦重点问题，给出政策，一起推动相关产业的发展。

人工智能的发展是双刃剑，在给经济社会发展带来巨大好处的同时，也会给社会带来一些不利后果，给法律带来挑战。霍金提醒人们，人类需警惕人工智能发展威胁。因为人工智能一旦脱离束缚，以不断加速的状态重新设计自身，人类由于受到漫长的生物进化的限制，将无法与之竞争，从而被取代。霍金的警告是有价值的，这也是一些发达国家严格控制人脸识别等人工智能技术运用的重要原因。因此，对人工智能，法律规制是必要的，必须将人工智能置于可控的状态。

面对由人工智能带来的困扰和问题，经典法学理论似乎不够用了。在民事法律关系中，突出的问题是，人工智能可否成为民事法律关系的主体，如何认定人工智能产品侵权责任，从而解决责任分配问题等。这些以前立法不曾想到、无须考虑的问题，现在变得必须有个说法，为新的社会关系的调整提供规则，当无人驾驶车辆发生车祸时，这种规则需求变得更加迫切。此外，对人工智能产品创作的作品所涉知识产权归属的确认和产权的保护，也需要在传统法律基础之上设计出合乎科学和广泛认知的规则。

为了促进人工智能相关法律问题的研究，2018年在上海举行的世界人工智能大会，设立了法律分论坛。会上，法学研究人员与司法实务部门介绍了已经做的工作和初步成果，提出了数个需要深入研究加以解决的问题。与会者对今后关于人工智能法律研究的方向有了进一步清晰的共识。从这个意义上说，人工智能相关法律研究尚处于起步阶段，离开形成全社会共识，进而制定出法律规范还有较远距离。在这个时间节点上，出版这本《人工智能法学简论》是很有价值的，让读者可以很快掌握一些相关的基本知识，了解目前的研究状况。

对人工智能法律问题的研究，必须脚踏实地。不要炒作概念，也不必追求论文数量，而应该去除水分，撇去泡沫，把学问做得扎实一些。要使人工智能的应用达到可知、可控、可用、可靠的程度，规则的设计必须多学科合作，为人工智能制定法律和政策，单靠法学界的努力是不够的，法学界现有的知识结构和研究范式未必够用，这是实践呼唤理论创新、制度创新的生动例证。希望在实践的推动下，法学不断进步，充分满足经济社会发展的需求。

2019 年 6 月 8 日

序　我们何以对未来充满希望

当下,"人工智能"这个话题越来越热。人工智能迅速发展,深刻改变着人类社会生活、改变着整个世界。我们今天的世界变成了何种样貌?是更加美好、富有希望,还是更具挑战性、充满了竞争?也许这才应该是"人工智能"法学所应该深入探究的实质。

人工智能、纳米技术与基因工程并称21世纪的三大尖端技术。自20世纪50年代起,人工智能的发展大致可以分为探索、表现、学习这三个阶段,人工智能目前已逐步进入类人神经网络学习应用的高速发展阶段。智力的基础性功能是对外界信息的管理、储存和处理应用,人工智能系统已经实现对于上述功能的精确处理。根据实现方式的不同,人工智能可以分为适用符号型知识表达与非符号型知识表达这两种类型。符号型表达较为简单,例如,使用编码进行电话号码等机械性工作,而非符号型表达则极为复杂,人工智能试图通过神经元的作用完成类似人脑的工作机能。文中我们首先为读者梳理了人工智能的发展脉络、人工智能的核心话题等。其目的就是为读者打开一扇了解人工智能世界的大门。一方面,为读者插上想象翱翔的翅膀;另一方面,也为后面的章节做好必要的准备和铺垫。

霍金在警告人类"人工智能的出现可能是'我们文明史上最糟糕的事',(因为从)理论上(来说),计算机可以模拟人类的智慧,并超越它"①的同时，也认为未来充满希望。他如是说道："我是一名乐观主义者，我相信我们可以为世界的利益创造人工智能。它能跟我们和谐相处。我们只是需要意识到危险，分辨出危险，利用最佳实践和管理，提前做好准备。"②

自第三次人工智能浪潮席卷全球，人工智能仍在不断地向前发展、进步。与之相对应的各个分支学科的发展及应用，将人类带到了一个崭新的世界。创新让生活变得更美好！散落在我们日常生活中、随处可见的由人工智能带来的便利，正在悄然改变着人们的行为习惯。今天，世界任何一个角落的人们，都可以因为互联网而互通，人们使用搜索引擎进行海量的信息搜索，出行使用导航仪前往我们想要去的地方，等等。这一切似乎都说明了一个"事实"——人工智能正在赋能新时代。甚至于我们也许可以说：人类因为"人工智能"在不断向前奔跑的过程中，得到了"重塑"。

然而，人工智能发展的不确定性也带来了新挑战。这种不确定性，是每个学科，尤其是人文社会科学应当给予重点关注的问题。

法学也自然不例外，要对当下的人工智能技术和人工智能产品的开发和应用所带来的各种制度上的问题进行回应，以期能够更好地保障其在合理和风险可控的范围内健康发展。只有这样，才能给我们提供一种可以预期的未来。

---

① 霍金："人工智能可能是人类文明史上最糟糕的事"，http：//tech.qq.com/a/20171107/051605.htm，访问日期：2018年10月5日。
② 霍金："人工智能可能是人类文明史上最糟糕的事"，http：//tech.qq.com/a/20171107/051605.htm，访问日期：2018年10月5日。

Contents 目　录

第一章　人工智能及人工智能法学的提出　001

引言　漫步人工智能　002
一、人工智能的发展历程　003
二、新一代人工智能所引发的思索　007
三、人工智能法学　016

第二章　人工智能体确立为民事主体的正当性　025

引言　026
一、何谓法律人格　028
二、人工智能法律人格不明引发的现实困境　031
三、人工智能人格学说类型　034
四、人工智能应具有法律人格　045
五、人工智能有限法律人格的规制设置　059
本章小结　064

第三章　无人驾驶汽车等人工智能体的侵权及其责任分配　067

一、无人驾驶汽车等人工智能体侵权的原因探析　069
二、现行法律体系的困境　077

三、无人驾驶汽车侵权产品责任分配机制　082

本章小结　095

第四章　人工智能产品著作权的归属　097

一、人工智能体（著作作品）的归属权之争　100

二、人工智能创作物受著作权法保护的可能性　108

三、人工智能创作作品著作权归属的学理思考　114

本章小结　129

第五章　人工智能时代对数据财产权的性质认定及其保护路径　131

一、"大数据"魅影　133

二、"数据"者为何　133

三、从"数据"向"大数据"的迈进　134

四、你出卖了你自己　137

五、谁动了我们的个人数据　139

六、神奇的5W原则　142

七、推进对新问题认识的途径　145

八、我国个人数据保护法规、政策建立现状的观察思考　149

结语　思考人工智能　157

后　记　166

第一章

人工智能及人工智能法学的提出

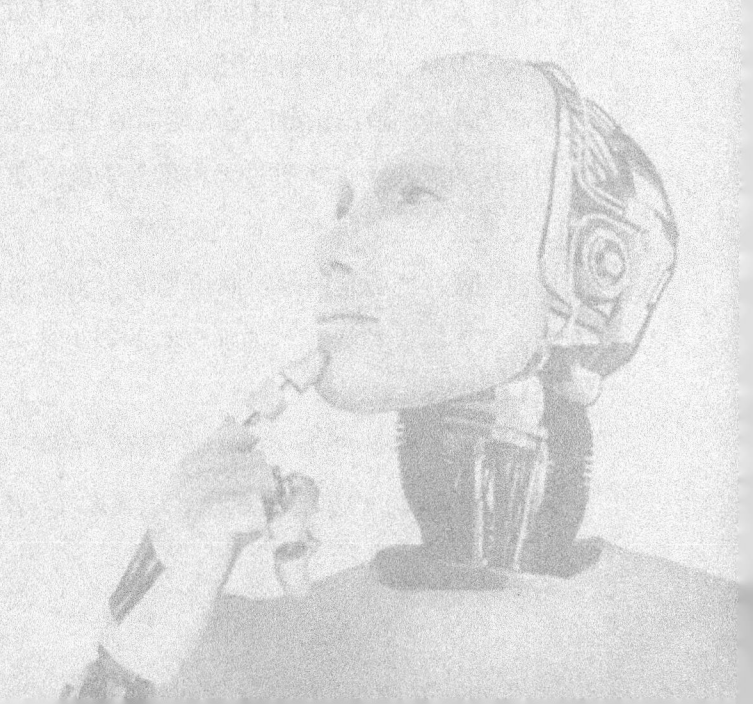

引言　漫步人工智能

未来，一切皆有可能！令人忧心的"奇点世界"，是否真的会来？关于"奇点"的预言，有朝一日如果真的实现了，人类该何去何从？在回答这两个问题之前，我们有必要先对所谓"奇点"进行说明。似乎，"人工智能"与生俱来就跟"人类智慧""宇宙学"有着密不可分的某种联系。也许，这也恰恰符合人工智能其自身的发展逻辑。"人工智能""人类智慧""类人类智慧""产生于宇宙中的高级生物——人类"如是种种的概念，本身就存在着千丝万缕的联系。回到"奇点"话题本身。所谓"奇点"概念，其产生也是源自"宇宙学"。在宇宙学中，奇点即作为"宇宙学的奇点"，大多数科学家认为它是宇宙产生之初，由爆炸而形成宇宙的那一点。① 而在"人工智能"领域，奇点②被定义为：人工智能能够自动地制造出超越自身能力的人工智能的那个时点。人工智能一旦能够制造出哪怕是超出自己一点点的东西，那么这个人工智能就会制造出比自己更为聪明的东西，然后这个新东西又会制造出更聪明的东西。这样通过无限反复，就会产生具有压倒性优势的智能。这便是奇点"脚本"的大致梗概。

我们唯一能确定的是：假设当"人工智能"在不断迭代学习的基础上，高于"人类智慧"的那个点的产生这一前提成立，这个点在无

---

① "奇点"，https://baike.so.com/doc/5570707-5785919.html，访问日期：2018年10月12日。

② ［日］松尾丰：《人工智能狂潮：机器人会超越人类吗？》，赵函宏、高华彬译，机械工业出版社2017年版，第151页。

限复制的过程中又催生了新的智能。如是，人工智能便能不断向"人类智慧"挑战。在未来某一天，"人工智能"终于实现了自我制造，这时，一个连"人类智慧"都要为之而惊叹的"新型智慧物"就诞生了！奇点发生之后，人类将会何去何从？终究会招致恶魔吗？关于这个问题的答案，我们似乎现在还无从知晓，也无力作答。但似乎，虚幻的电影世界却通过色彩斑斓的画面、光怪陆离的情节，在这个问题上，给了我们重要的启示！

伴随着"人工智能"时代的逐步迈进，我们何以对未来充满希望？理性的选择以及决策，辩证的思考以及行动，应该是不错的答案。

一、人工智能的发展历程

（一）人工智能的产生

当下，普遍认为，"人工智能"（AI）一词正式诞生于1956年。有关于"人工智能"诞生的详细过程，我们不得不追溯到1956年，由年轻的美国学者约翰·麦卡锡（John McCarthy）、马文·明斯基（Marvin Minsky）等人共同发起的、在美国达特茅斯（Dartmouth Conference）学院召开的、跨时两个多月的研讨会。正是在这场研讨会上，与会学者们深入探讨了"机器模拟人类智能"的问题，并且首次正式提出并使用了"人工智能"这一术语。这一被历史铭记的时刻，标志着人工智能学科的诞生。

在其发展的前20年里，可以说是势如破竹，迅速发展，直接进入了黄金时期。此后，人工智能的发展在不断受挫和修正中一次又一次地遇到了新的机遇与挑战。

人工智能作为计算机学科的一个分支，20世纪70年代以来被称为世界三大尖端技术之一（空间技术、能源技术、人工智能），也被认为是 21 世纪三大尖端技术（基因工程、纳米科学、人工智能）之一。近 30 年来，人工智能已经逐步发展成为一个独立的分支，无论在理论和实践上都已自成一个系统。同时，它的迅速发展，使其在很多学科领域都获得了广泛的应用，并取得了丰硕的成果。

（二）人工智能的概念

无可否认，人工智能自它诞生时起，就与人产生了千丝万缕的联系。在百度百科上，我们可以看到"人工智能"是这样被定义的：人工智能是研究、开发用于模拟、延伸和扩展人的智能的理论、方法、技术及应用系统的一门新的技术科学。人工智能企图了解智能的实质，并生产出一种新的能以人类智能相似的方式作出反映的智能机器，该领域的研究包括机器人、语言识别、图像识别、自然语言处理和专家系统等。人工智能之于人，二者之间的关系，始终是一个有待于我们思考的问题。而这也构成了人工智能法学讨论的基础。

当人工智能这个话题，在当代社会被反复提及的时候，如果缺乏对"智能"概念本身的充分理解，即使对机器思维抱有再大的热忱，也很难在广泛的领域对人工智能所产生的影响作出判断或厘定。那么到底何为"智能"？

对于智能概念本质的揭示，需要我们将视野往历史纵深处进一步延伸。有关于"智能"概念的提出，最早可追溯到 17 世纪莱布尼兹对于"智能"的设想。

从词义上来解释，智能一词涉及诸如意识（consciousness）、自我（self）、思维（mind）等诸多方面。它甚至包括无意识的思维（unconscious-mind）。而截至目前，人唯有对自己本身的智能有所了解。即便如此，我们对自身智能的了解也是有限的。我们甚至无法明确地对其构成的必要元素予以划分。这就导致了我们很难定义"智能"二字。我们就是在这样一个背景基础之上，去探究"人工智能"四个字的意义。因此，人工智能的研究往往涉及对人的智能本身的研究。其他关于动物或其他人造系统的智能也普遍被认为是人工智能相关的研究课题。

人工智能在计算机领域内，得到了愈加广泛的重视，并在机器人、经济政治决策、控制系统、仿真系统中得到应用。

著名的美国斯坦福大学人工智能研究中心尼尔逊教授对人工智能下了这样一个定义："人工智能是关于知识的学科——怎样表示知识以及怎样获得知识并使用知识的科学。"而美国麻省理工学院的温斯顿教授认为："人工智能就是研究如何使计算机去做过去只有人才能做的智能工作。"这些说法反映了人工智能学科的基本思想和基本内容。即人工智能是研究人类智能活动的规律，构造具有一定智能的人工系统，研究如何让计算机去完成以往需要人的智力才能胜任的工作，也就是研究如何应用计算机的软硬件来模拟人类某些智能行为的基本理论、方法和技术。

（三）人工智能发展的阶段

为了能让本书读者更好地理解新一代人工智能之"新"的确切含义。本节会从人工智能的发展史谈起。因为，只有在了解了人工智能的每个发展阶段之后，我们才会对今天的新一代人工智能有一个比较完整的认识和把握。

目前，大家普遍比较认同的，人工智能发展阶段，大致可划分如下。

1. 20 世纪 50 年代后半期至 20 世纪 60 年代

1956 年夏季，对于人工智能来说是具有划时代意义的时间点，这一年也被普遍认为是"人工智能元年"。当时,由美国学者约翰·麦卡锡、马文·明斯基等人共同发起了在美国达特茅斯学院召开的一次研讨会。参加该次会议的学者首次使用了"人工智能"这一术语,并重点讨论了用机器模拟人类智能的问题。人工智能学科由此而诞生。

加之,20世纪初一群卓越的数学家以公式、定理为推动整个世界的前行做出了积极的努力、探索,这其中包括"希尔伯特纲领""哥德尔不完备性定理"等在内的数学推理,这些研究成果都为日后计算机的发明铺平了道路。直到图灵机的诞生,圆满地刻画出了机械化运算过程的含义,并最终为计算机的发明铺平了道路。[1]

人工智能也由此而直接进入了为期十多年的第一个春天,即发展的黄金期。自此,科学界对于人工智能的乐观预测几乎无处不在。

然而,正如所有的事物,其发展都是螺旋上升式的。直接进入黄金期的人工智能并未像想象中的那样发展顺利。虽然它取得了一定的成果,例如,这一时期,计算机主要使用"推理和搜索"解决了很多特定的问题,但它依然对于复杂的问题束手无策,同时相应的技术也并未能像预想的那样飞速提升,众多人工智能研究项目开始碰壁、停滞不前,人工智能自此而进入了它的寒冬期。

2. 20世纪80年代

这一时期的人工智能由于导入了"知识",计算机变得更加聪明,从而迎来了全盛时期。"人工智能"的春天再次到来。但是人类的知识储备是从婴儿时起就不断存储、源源不断的,与此相比,计算机对于知识的储备、管理及描述的局限性日益凸显出来。所以在20世纪80年代,随着日本智能(第五代)计算机的研制宣告失败,人工智能的发展进入了第二个寒冬期。

---

[1] 集智俱乐部编著:《科学的极致:漫谈人工智能》,人民邮电出版社2015年版,第4页。

然而与上一个寒冬与热潮交替不同的是，此次寒冬期的到来，并没有阻止人工智能"暗潮涌动"式的发展，而"人工智能"本身也在热浪与寒冬的不断交替中，成熟起来。

3. 当下，人工智能（新一代人工智能）第三次浪潮的兴起

20世纪90年代后半期搜索引擎的诞生，引发了互联网爆炸式的普及。特别是进入21世纪，伴随着网页的扩张，基于数据的"机器学习"更是直接引发了人工智能的迅速发展。同时，具有"重大技术性突破意义"的深度学习（又称特征表示学习）则进一步与"机器学习"交相辉映地影响着"新一代人工智能"的发展。

不难看出，当下，在互联网、物联网、大数据、超级计算、脑科学等新理论、新技术的影响下，尤其是互联网的技术发展，人工智能开始由单个智能主体研究转向基于网络环境下的分布式人工智能研究。这一扩展使得"人工智能"的研究不再局限于基于同一目标的分布式问题求解，而是转向研究多个智能主体的多目标问题求解。这一具有突破性的研究方向的转变，使得新一代人工智能终于实现了链式突破，从而推动了经济社会各领域从数字化、网络化向智能化加速跃升。

二、新一代人工智能所引发的思索

（一）关于"人工智能"概念本质的思考

自1956年，麦卡锡在达特茅斯会议上首次提出人工智能，人工智能的影响力由其本身，不断向外延展，已经深入到人类社会的各个领域。研究者对其本身阐述的热情，也此起彼伏，从未真正停止过。其中，不乏科学研究者、技术专家们以及人文学科研究者在智能本身的研究领域不断探索、前行！

那么，到底何为"人工智能"？对此问题的探究，可以被视为"人工智能"研究的基本命题之一。也唯有对"人工智能"本身的含义有一个基本的认识，才能真正理解"人工智能"。

1. 来自互联网搜索得到的定义

如果说，计算机算法、互联网、人工智能共同推动了今天我们所处时代"信息文明"的到来。那么，对于"人工智能"自身含义的梳理，我们就从在互联网上搜索开始吧！今天的互联网如此之强大，乃至于，无论我们使用哪种搜索引擎进行搜索，当我们输入"人工智能"时，出现结果，数量都是众多的，有的甚至高达1个亿！排名前十的搜索结果，必有百科式的回答。下面仅罗列百度百科的搜索结果进行说明。

在百度百科里，"人工智能"这样被定义：人工智能是研究、开发用于模拟、延伸和扩展人的智能的理论、方法、技术及应用系统的一门新的技术科学。人工智能企图了解智能的实质，并生产出一种新的能以人类智能相似的方式做出反应的智能机器，该领域的研究包括机器人、语言识别、图像识别、自然语言处理和专家系统等。

2. 来自人文科学者的研究

玛格丽特·博登（Magarate A. Boden）在《人工智能哲学》导言中强调："以与AI概念极为类似的概念对智能加以解释，是哲学家们长久以来的梦想。"[①] 我们暂且搁置对以下这句话做语义上的解释。因为这句看似简单的话语，其包含的逻辑如此之丰富，乃至于已经包含了两层浅层意思：一是，一个人工智能概念的存在；二是，对智能一词的解释也可以像人工智能所形成的概念一般。那么，究竟，人工智能是如何被定义的呢？

3. 计算机软件学派对"智能"的"释义"

关于这个话题，其探索或许需要从"图灵机"开始。"所谓的图灵

---

① [英]格丽特·博登:《人工智能哲学》,刘西瑞、王汉琦译,上海译文出版社2003年版,第3页。

机，是个超级简单的计算装置，但它的计算能力却异常强大，可以证明，图灵机计算的函数类对应了部分递归函数类，而当今最前沿、最高深的理论物理学所用到的函数都不会超出这个类。"[1]

"图灵论题"也由此而诞生。"任何能行可计算的函数都是图灵机可计算的。"也正是因为如此，说到人工智能、计算机，言必称图灵。因为从计算的角度来看，图灵机确实很灵、图灵论题也貌似没有任何破绽。由此可见，图灵将智能等同于符号运算的智能表现，智能的核心即为算法。

在图灵之后，对智能概念探索的泰斗级人物麦卡锡是早期符号学派的主要代表。自1956年，"人工智能"首次发端，人们对此产生了浓厚的探索兴趣，探索的脚步也在不断往前奔驰。这其中当然也包括对智能概念的本质不断地提出新的思考。在图灵之后，麦卡锡，作为人工智能研究的奠基者，也是计算机软件学派的泰斗级人物。他对智能实现的系统性思考始于1959年，并于1960年提出了著名的"ILSP"表处理语言。1996年，其在斯坦福大学的个人网站上刊载了"What is Artificial Intelligence"一文，文章对"人工智能"和"智能"做了解释。该文指出，"人工智能是某种创造智能机器的科学和工程，尤其是对于智能计算机程序而言。与之对应地，则是一种尽可能地运用计算机去理解人类智能的任务，然而它不仅仅只能尝试生物学中观察到的方法"。[2]

同时，麦卡锡在文中进一步对比说明了"人工智能"与"智能"的关系："智能是（主体）在世界中实现目标的一种能力的可计算部分。人类、多数动物和一些机器身上，都展现了不同类型的和程度的

---

[1] 集智俱乐部编著：《科学的极致：漫谈人工智能》，人民邮电出版社2015年版，第16页。
[2] J. McCarthy, What is artificial intelligence?, http://@ stezm, stanford.edu:/ftp/jmc/whatisai.tex.begun, 访问日期：2019年3月30日。

智能。"①

通过上述两段表述和其中所包含的"创造智能机器""运用计算机""理解人类智能任务""能力的可计算部分"等关键词，足以可见：在人工智能的创始人看来，人工智能是一种利用计算机程序来模拟智能的方法。人工智能工作的过程更强调的是它的智能行为和表现的方面。

由此可见，自智能科学产生之初，对"智能"本身的探究以及对"人工智能"之于"智能"的关系探究，就一直存在，并产生了深远的影响。显然，这种对"智能"本身的研究更倾向于一种"本体论"的研究方法。它与着眼于"机器思维"的研究，截然不同。

然而，当我们在不断关注"人工智能"的技术是如何产生及运用的时候，当我们甚至对"人工智能"本身是什么以及它与"人类智慧"之间的关系都知之甚少的时候，试问，我们如何还能谈及"所谓的'人工智能'惠及人类"这样令人振奋的愿景呢？

（二）人工智能与人类智力

人工智能作为信息文明的三驾马车（计算机算法、互联网、人工智能）之一，自它诞生时起，就充满了传奇色彩。科学研究者和技术专家们在智能理论的探索和实践的浪潮中一次又一次发挥着重要作用，推动人类社会进步的同时，对于人工智能其本质的定义及概念的探究，也从未停止过。

当谈及这个话题的时候，下述争论时常会被提及：（一台在工作的）计算机是否拥有意识？当以算法作为核心的人工智能在工作时，它是否可能会有自由意志？意识、意志是否真的是人类专属？

---

① J. McCarthy, What is artificial intelligence?, http://@ stezm. stanford. edu：/ftp/jmc/whatisai. tex. begun, 访问日期：2019 年 3 月 30 日。

而对于这些问题的回答。我们似乎可以追溯到17世纪莱布尼兹（Leibniz）有关"智能"的设想。如果说人工智能，其产生的必要条件包括数学、符号学、逻辑学的共同发展，那么源自德国数学家、思想家戈特弗里德·威廉·莱布尼兹提出的具有现代意义的符号和逻辑思想无疑对此产生了巨大的推动作用。莱布尼兹提出了数理逻辑的基本构想，提出了计算机中二进制的运算法则。而归结到莱布尼兹对"智能"二字的理解，则是莱布尼兹关于"人类需要一种普遍的人工符号系统"的观点。正是这一符号系统说明了人类智能的高级逻辑性——本书作者将此理解为"人类智慧"。

而在现代智能概念形成的初期，人工智能之父——图灵也在其最重要的文章中写道："我建议来考虑这个问题——'机器能思考吗？'"尽管彼时，图灵的真正目的为："找到一个可操作的（关于智能存在的）标准：如果一台机器表现得和一个能思考的人类一样，那么我们就几乎可以将之认定为是在'思考'的。"虽然，这个思虑所产生的重要影响（后面的故事）即为：众所周知的图灵测试因此而变得更具有传奇色彩。但是，在此处，我们仍然将我们讨论的核心放在"人工智能与人类智力"。

正是源于图灵"想要使得一台机器表现得像人一样会思考"这个基点，致使图灵测试在后世引起了不小的争议。怀疑者大多"质疑"这种测试方法的可靠性。因为这么做恰好将所谓的"智能本身"的问题绕了过去。

从这个意义上来说，如果说智能是人的专有属性。那么，我们又该如何辩证看待产生于计算机领域的"人工智能"？

也有研究者分析图灵测试（之所以）是不充分的，问题源自从一开始，图灵就混淆了两个完全不同的概念：一个是人类，一个是智能。图灵测试隐含了一个潜台词，即机器智能是不可能超越人类智能的，或者说，智能是人的专有属性。机器智能必须与人的智能相比拟，而人的智能是检验机器是否具有智能的唯一标准。这是图灵测试根本的、哲学上的纰漏。[①]

尽管如此，今天，提及"人工智能"，我们仍是言必称图灵。图灵作为"人工智能之父"，对于人工智能发展所起到的巨大推动作用以及重要贡献，毋庸置疑。

同时，伴随着"人工智能"理论、技术的日臻成熟，应用领域的不断扩大，研究者对其"智能"实质的研究也从未停止过。它涉及其他一些重要概念，如意识（consciousness）、自我（self）、思维（mind）、无意识的思维（unconscious-mind）等问题。

目前，对此问题的探究，主要集中在以下两类观点中：一是，人工智能是研究使用计算机来模拟人的某些思维过程和智能行为（如学习、推理、思考、规划等）的学科，这类观点的核心在于用计算机实现智能的原理、制造类似于人脑智能的计算机，使计算机能实现更高层次的应用。其中，包括使用计算机去做过去只有人才能做的。二是，人工智能代表着有知觉的、有自我意识的机器的诞生。

目前，在这一问题上，占主导地位的无疑是前一思想。它也是"人工智能"自其诞生以来，产生最早的一种观点。从图灵测试到麦卡锡第一次真正提出有关于"人工智能"的定义，他们都不约而同地指出："人工智能"的标准即为"如果一台机器'表现得'和一个能思考的人类一样，那么我们就几乎可以将之认定为是在'思考'的"。由此，不难看出，智能的本质及核心，在创始人看来，只是人类智慧的一个机器的表征。所以，无论"人工智能"在做什么，怎么做，都只不过是"像人一样思考""像人一样行动""理性地思考"和"理性地行动"！在现代智能概念形成的初期，图灵在其最重要的文章中写道：

---

① 顾骏主编：《人与机器：思想人工智能》，上海大学出版社2018年版，第10页。

"我建议来考虑这个问题：'机器能思考吗？'"姑且不说图灵此言其所指为何，我们可以将理解此言的思绪进一步延伸：如果一台机器"表现得"和一个能思考的人类一样，那么，我们是否可将之认定为是在"思考"？如此，图灵的疑问就给予了我们更深一层的启发：当智能从人延伸到了机器。它仅仅只是一个表征吗？其中是否蕴含了更深层的含义？它揭示了"人工智能"从"弱人工智能"走向"强人工智能"的一种可能。

（三）强人工智能与弱人工智能

时至今日，"人工智能"真的只是一种机器的表征吗？关于这一问题的深度思考及探索，造就了愈演愈烈的"强人工智能"与"弱人工智能"之间的对话。

在人工智能的研究领域里面，很早就出现了关于"强人工智能"与"弱人工智能"的争论。有研究者认为，这一争论源自于"强人工智能"概念的提出，这个概念最早是由哲学家约翰·瑟尔提出来的。他认为，"（强人工智能）即为具备正确的输入与输出、被施予合理程序化的计算机，与拥有心智的人没有任何区别，即它也是有心智的"[1]。与之相对，"弱人工智能"理论则认为：计算机没有必要拥有心智，只要能够通过其有限的智能解决一些智力问题即可。[2]

对此，有论者认为，应以是否有"自主意识"来判断是强还是弱。"弱人工智能是不具有自主意识的人工智能类型，推理和解决问题的能力局限于特定的任务，不能自主提出问题。强人工智能把人工智能和意识、感性、知识和自觉等人类的特征相结合，具有提出问题和独立推理

---

[1] ［日］松尾丰：《人工智能狂潮：机器人会超越人类吗？》，赵函宏、高华彬译，机械工业出版社2017年版，第5页。

[2] ［日］松尾丰：《人工智能狂潮：机器人会超越人类吗？》，赵函宏、高华彬译，机械工业出版社2017年版，第5页。

与解决问题的能力。"① 而强人工智能可以有两类：一是类人的人工智能，即机器的思考和推理就像人的思维一样。二是非类人的人工智能，即机器产生了和人完全不一样的知觉和意识，使用和人完全不一样的推理方式。而弱人工智能论者则认为不可能制造出能真正地推理（reasoning）和解决问题（problem-solving）的智能机器，这些机器只不过看起来像是智能的，但是并不真正拥有智能，也不会有自主意识。

由此可见，"心智"成了判断"强人工智能"与"弱人工智能"的重要标志。自主思考能力、行为特征、独立意识等特征已然成为判定一台机器是否拥有"超强能力"的重要判别依据。拥有这些特征的显然被赋予了更高级的标签属性：强人工智能。

尽管在目前普遍认为，"人工智能"的主要观点及主要研究集中在"弱人工智能"上。从纯粹的技术角度而言，其体系可划分为智能控制、机器人学和智能计算机三大类别；而对于"人工智能"的理论研究，也形成了诸多基于数学与逻辑的模型、知识表征理论和机器人实践的研究。

未来世界，当一台机器学会了思考，甚至于形成了自己独特的思维方式，拥有了"属于自己"的表述能力、行为能力时，对于"人工智能"本身来说也许意味着"完美"，然而正如著名理论物理学家斯蒂芬·霍金所担忧的"（这一）完美人工智能的开发或许意味着人类的终结"。所以，特斯拉 CEO 埃隆·马斯克甚至直言："对于人工智能的研究，（人类）必须谨慎。因为我们的（这一）研究最终或许会为自己招来了恶魔。"

尤其是在当下，"凡是可以描述的、重要的、有固定规则和标准答

---

① 孙占利："智能机器人法律人格问题论析"，载《东方法学》2018 年第 3 期。

案的工作岗位,都有被智能机器人取代的可能"[1]。这种职业替代的风险让我们反思人类与类人类机器人所存在的可能问题。因为那个也许存在的尚未被发现的世界,离我们并不遥远。

(四) 人工智能与人工智能体

时下,当我们谈论或讨论人工智能一词时,更多的是从人工智能技术或科技的角度来界定人工智能,尤其是指运用计算机技术,或者如前文所说的用计算机实现智能的原理,制造类似于人脑智能的计算机。20世纪80年代以后,工业机器人在汽车制造领域得到运用,并获得了极大的生产效率,成为日本、美国和欧洲等大国进行角逐的领域。日本汽车制造行业因为较早使用工业机器人曾经成为这个领域的胜出者。到了20世纪末21世纪初,工业机器人发展到军事、无人飞行、无人驾驶、家庭服务、机器人科学家、机器人医生、机器人法官[2],以及通过自然和人工混合系统造就的纳米机器人等领域,人工智能技术获得了空前的加速发展,甚至学界将其称为摩尔定律式发展。通常,人们将这种技术或科技的发展统称为人工智能,将人工智能在某一个领域的具体运用的成果或产品称为人工智能体。[3] 或者,将人工智能与机器人在一定程度上等同,将具体领域的机器人等同于人工智能体。笔者认为,这种区分有一定的现实意义和科学意义。从实践的发展而言,人工智能技术的发展具有关键性的意义,是人工智能体发展的核心推动力。而将人工智能按照具体领域具体产品进行类型划分,有助于人工智能技术的专业化分工。从法学研究的发展而言,每个领域的人工智能体在规则诉求以及责

---

[1] 吴汉东:"人工智能时代必须关注的社会风险与四大问题",载腾讯研究院网,https://www.tisi.org/4967,访问日期:2018年12月5日。

[2] 2017年2月6日,上海市高级人民法院206系统的研发成功。

[3] [意大利]乌戈·帕加罗:《谁为机器人的行为负责?》,张卉林等译,上海人民出版社2018年版,序言。

任承担方式方面，有可能存在不同的判断标准。如机器人伴侣受到侵权和工业机器人受到侵权，法律上设定的责任承担方式等内容可能存在重大差别。

三、人工智能法学

（一）人工智能研究得到国家和社会高度关注

人工智能研究在我国已成为显学，受到各个学科的关注和青睐。从国家层面而言，2017年7月，国务院颁布了《新一代人工智能发展规划》，该规划中明确提出要重视人工智能发展对人类社会影响的研究。该规划指出："人工智能发展进入新阶段。经过60多年的演进……当前，新一代人工智能相关学科发展、理论建模、技术创新、软硬件升级等整体推进，正在引发链式突破，推动经济社会各领域从数字化、网络化向智能化加速跃升。"[①] "面对新形势新需求，必须主动求变应变，牢牢把握人工智能发展的重大历史机遇，紧扣发展、研判大势、主动谋划、把握方向、抢占先机，引领世界人工智能发展新潮流，服务经济社会发展和支撑国家安全，带动国家竞争力整体跃升和跨越式发展。"[②] 自国家《新一代人工智能发展规划》公布以来，国家各相关部门也多次提出对"人工智能"需要从各种角度予以高度重视。科技部启动了人工智能的重点科技项目，工信部也启动了人工智能的三年行动计划，教育部还启动了人工智能的一级学科的建设，中国科学技术协会、中国

[①] 国务院关于印发新一代人工智能发展规划的通知，http://www.gov.cn/zhengce/content/2017-07/20/content_5211996.htm，访问日期：2018年10月3日。

[②] 国务院关于印发新一代人工智能发展规划的通知，http://www.gov.cn/zhengce/content/2017-07/20/content_5211996.htm，访问日期：2018年10月3日。

科学院也相继启动了人工智能专项研究。

2016年11月17日,最高人民法院院长周强在第三届世界互联网大会智慧法院暨网络法治论坛上提出中国"将积极推动人工智能在司法领域的应用"。在2017年5月11日的全国法院第四次信息化工作会议上,周强认为,没有信息化就没有人民法院工作的现代化,通过信息化实现审判体系和审判能力现代化,建设智慧法院,是顺应新一轮科技革命浪潮的必然选择,是提升司法公信力的重大举措,是提升人民群众获得感的有效手段,是深化人民法院司法改革的重要支撑。

正是在这样一个振奋人心的背景之下,经国务院批准,由国家发展改革委、科技部、工业和信息化部、国家互联网信息办公室、中国科学院、中国工程院、上海市人民政府共同举办的2018世界人工智能大会,于2018年9月17日至19日在上海举办。大会以"人工智能赋能新时代"为主题,"着重与世界各地、社会各方共同探讨:改革,如何抓住中国深化供给侧结构性改革,提升实体经济能级的重大机遇,推进AI赋能产业合作;开放,如何进一步开放中国消费升级的巨大市场,创造丰富应用场景,满足人民群众的美好生活需求;创新,如何深化中外合作、政企合作、院企合作,共享新思想、新理论、新技术、新观点,携手开创面向未来的智能世界;发展,发展必定是多方治理、多方协作、多方共识的共同发展,因此,大会搭建了多方对话、合作交流的平台,为全世界有志于为人类未来智能做出贡献、提供方案的思想家、科学家、企业家、投资家提供精彩舞台。"

正如国家主席习近平在专门致2018世界人工智能大会的贺信中所指出的那样,新一代人工智能正在全球范围内蓬勃兴起,为经济社会发展注入了新动能,正在深刻改变人们的生产生活方式。把握好这一发展机遇,处理好人工智能在法律、安全、就业、道德伦理和政府治理等方面提出的新课题,需要各国深化合作、共同探讨。中国愿在人工智能领域与各国共推发展、共护安全、共享成果。①

今天，提及"人工智能"，几乎无人不知、无人不晓。人工智能显然已经给中国的民生、发展带来了巨大的影响。围绕人工智能的各类话题在不断衍生。

从社会层面而言，人工智能前景广泛、应用丰富。2016年10月，据统计，美国现阶段23%的律师业务已可由人工智能完成②，名为Case Cruncher Alpha的人工智能法律"律师"在与真人律师的样本测试中，其准确率已经能够领先于人类律师。在非诉领域，人工智能优势明显，借助于广泛的案例数据与特定价值算法，业内许多成熟公司已开始使用人工智能处理合同审查等具体业务，例如，摩根大通与德勤等知名会计师事务所与律师事务所，已经开始使用名为Kira Systems的合同分析系统，使用该系统能够在极短的时间内完成过去需要耗费大量人力、物力才能完成的信贷审查、尽职调查等工作。同时，提供合同分析的人工智能系统诸如Seal Software、Beagle等应用已经极为广泛，日本保险公司通过人工智能系统计算保费的效率较纯人工提高30%，大幅节约工资支出。

人工智能目前已实现自动驾驶航空器、完成高考试卷，甚至有学者提出将人工智能应用于法律裁判。③ 早在2012年，谷歌（Google）所研发的人工智能系统已经能够从随机图片中识别猫等动物的特征。虽然事后被认为是炒作，但Deep Knowledge Ventures公司在2014年将计算机算法软件任命为董事会成员。人工智能已进入社会生活，而与之相关的法律规制却未能跟上人工智能技术前进的节奏。2017年4月，美国

---

① "习近平致信祝贺2018世界人工智能大会开幕"，载"新华网"，http://www.xinhuanet.com//politics/2018-09/17/c-1123441800.com，访问日期：2018年9月20日。
② Sherry Xinchen, Mary Ann Neary, AI: Legal Research and Law Librarians, 21 AALL Spectrum 16, 2016-2017.
③ 张保生："人工智能法律系统的法理学思考"，载《法学评论》2001年第5期。

Abyss Creations 公司推出了具有永久性喜好记忆的性爱机器人，如何对待人型机器人争议巨大。2017 年 7 月，百度总裁李彦宏乘坐无人驾驶汽车行驶在北京五环路上引起了巨大争议，交管部门认为此行为违反现行《中华人民共和国道路交通安全法》（以下简称《道路交通安全法》）。据《第一财经周刊》2018 年 7 月报道，IBM 公司旗下的 Project Debater 在复杂话题辩论中战胜了以色列国际辩论冠军，辩论的主题是"人类是否应当扩大使用远程医疗"，这款人工智能并未提前准备辩题，而是在现场通过搜索与辩题相关的庞大资料库并找到所有支持论点的观点与例子。人工智能的可怕之处在于其强大的自我学习能力，AlphaGo 在击败所有世界顶尖棋手后仅仅 3 天就被其升级版的 AlphaGo Zero 击败，而智能战争机器人已经进入军火公司的武器储备库，通过计算机软件和传感器的远程控制即可执行传统战场击杀，这种可能不受控制的武器一旦大规模投入应用将明显改变现有人类战争形态，该类人工智能武器的发展后果将远比可控的核能武器可怕。

（二）人工智能法学问题的凸显

人工智能的发展促进了人类的进步、触发了社会结构的变革，同时也对现有的法律、法规产生了巨大的冲击，并产生了深远的影响。正如王利明教授所言："人工智能时代已经来临，其不仅将改变人类生产和生活方式，也会对人类的法律制度产生深刻的影响。"[1] 由于人工智能技术及其产品对于当下的法律的影响是全方位、多层面和各领域的。有论者认为，目前的人工智能法律问题研究，主要在以下两个方面[2]：一方面是人工智能技术的发展对于法律发展或法律效能的推动或助推作用；尤其是人工智能技术辅助司法裁判、法律推理、法律论证，进而促

---

[1] 王利明："人工智能时代对民法学的新挑战"，载《东方法学》2018 年第 3 期。
[2] 这两种进路的分类和思考，笔者受中山大学熊明辉教授启发，在此表示感谢！

进法律更为高效和精准，为运用科技推动法律公正实施提供了广泛的运用空间，这种研究进路需要法学与人工智能技术的高度交叉和融合，甚至要在把握人工智能技术的本身体系化基础上，来审视法学发展的内在诉求，以及人工智能现有民法规范体系形成的挑战。另一方面就是人工智能技术发展，推动了人工智能在各领域的运用，如无人驾驶员、创作作品的机器人、家庭服务机器人、医疗卫生领域的机器人，他们的出现，对传统的法学体系产生了影响或挑战。例如，这些人工智能体有没有主体性？有没有一定的法律人格？其侵害第三方如何承担责任和分配风险？其有没有相应的著作权的权利能力或资格？其财产权在法律层面上是不是应该给予保护？等等。这些问题急需我们进行回应。不同的研究进路，导致所研究的对象、重心和解决的问题，都有不同意义上的差异。基于笔者的知识背景及关注问题的范围，本书主要从民法的角度选取以下几个方面进行重点研究、探讨和思考。

一是人工智能体确立为民事主体的正当性问题研究。笔者主要就人工智能的主体意识、权利能力与法律认可进行了探讨。目前人工智能尚不具备意识，更不具备主体意识，但是人工智能技术进步到具有自主思维意识与极强学习能力的强人工智能时，我们能通过法律主体人格的承认作为相关法律尤其是民法的解决进路。首先，必须阐释法律主体地位赋予的机理，通过考察法律主体扩张的趋势，明确人工智能主体地位与资格赋予的障碍和可能。其次，明确主体地位后，应该如何在具体制度上予以落实？是否可以通过对《中华人民共和国民法总则》（以下简称《民法总则》）第128条"等"字进行解释，将人工智能解释进此类弱势群体去施以保护？或者是否可以类推适用《民法总则》第16条第一句对胎儿利益的保护，将人工智能视为权利主体？

二是对人工智能体（机器人、无人驾驶、无人艇等）侵权及其责任分配法律问题的研究。自动驾驶技术（人工智能驾驶技术）是人工智能技术在汽车领域的最新运用，人工智能侵权责任是法律面临的最为急迫的问题，亟待现行法提供调整方法。自动驾驶机动车引发事故的民事责任同样发生了变化。联合国教科文组织《关于机器人伦理的初步草案报告》提出对机器人的责任采取分担解决途径。让所有参与机器人发明、授权和使用过程中的主体分担责任。这种以侵权为基础的制度设计初衷，是迫使机器人系统的设计者与生产者将人工智能侵权成本内部化，督促系统的设计者、参与者、生产者自觉履行安全性义务，保证受害者能够寻找到主体获得补偿。本书拟结合人工智能实体技术的发展，探讨自动驾驶技术致害的责任分配问题。从中短期来看，技术的变迁尚未动摇机动车责任的构造，仅使得自动驾驶系统的生产者具备了驾驶人的属性。但从长期来看，生产者的产品责任有替代机动车责任的趋势。本书拟结合我国《机动车交通事故责任强制保险条例》第23条、28条、31条评价这一趋势。探讨通过强制保险、机动车责任和产品责任的协调，合理分配人工智能产品致害责任的分担。

三是对人工智能体著作权归属法律问题的研究。人工智能创作产品的权利归属是人工智能法律问题研究的重要一环，人工智能已经可以创作小说、诗歌和新闻，这些作品的著作权保护需要探索这些作品的认定，这些作品是否符合"独创性"要求？如果不符，法律应如何保护？当发生侵权时，如何解决著作权侵权问题？在人工智能独立创作的情形下，可否适用"刺破人工智能面纱原则"，即权利主体是人工智能背后的实际控制人？人工智能虽然具有法律人格，但这种人格是有限的，并非完全的法律人格。人工智能的工具属性决定了其法律地位。采用"刺破人工智能面纱"理论将会大大鼓励人类利用人工智能进行创作的热情，同时促进人工智能产业自身的发展。

四是对人工智能时代对数据财产权的性质认定及其保护路径法律问题的研究。产权清晰是新时代社会主义的显著要求，算法和数据作为人工智能技术的核心内容，很大程度上决定了人工智能的开发与应用程度。人工智能不仅仅会对数据进行存储，同样能够实现对于数据的加工、衍生，与此同时，人工智能对于数据的占有和转移是无形的，缺少有效的权属证明。在大数据时代，如何定义数据的权利地位，明确数据的权利归属，既要保护隐私又要促进发展，就必须对数据进行确权并构建完善的权利体系内容与完善的权利转移制度。《民法总则》第127条对数据保护做出了明确规定，数据属于新型财产权，但数据保护同时涉及财产权的转移、利用、保存、收益等关键性法律问题。本书通过构建数据经营权与数据财产权这两种赋权路径，明确对于数据财产权的法律保护方法。数据经营权包括可以自动取得数据的普通经营权与需要引入特许制度的特殊经营权，数据资产权作为专有排他权，权利人享有占有、使用、收益、处分的权利。本书还针对智能无人系统的法律规制进行了研究。如无人系统的设计者和生产者，能否保留对系统的后台操作控制权；智能运载系统数据监管规则如何确定；如何平衡私人隐私与公共安全；智能无人运载系统的算法是否需要受到监管等问题。此部分关注的主要问题有：①人工智能程序设计者的权利、义务和责任。②如何平衡无人系统的财产权和他人权利乃至公共安全的冲突。③政府在保护隐私权方面应该承担的义务和责任。

总之，本书重点关注人工智能的产品（包括无人驾驶、无人机、机器人等）的出现对传统民法学产生的挑战。例如，在民法当中所讨论的主体性及人格是否需要承担民事法律责任；人工智能所创造的作品的著作权等知识产权的归属性问题，其归属权到底应该归于人工智能本身还是归属于其使用者、运用者或发明者；在侵权法领域，如果人工智能产品对人的身体和财产造成了损害，其责任的承担者应该归于谁；人工智能体在财产法领域,人工智能所创造的财产权,在法律上应该如何定性;针对这些问题的解决,学界曾提出了很多学说和理论,包括权利理论、义务理论、责任理论等,这些理论(法理)在人类已经迈入人工智能时代的今天,是否还具有适用性?

第二章

人工智能体确立为民事主体的正当性

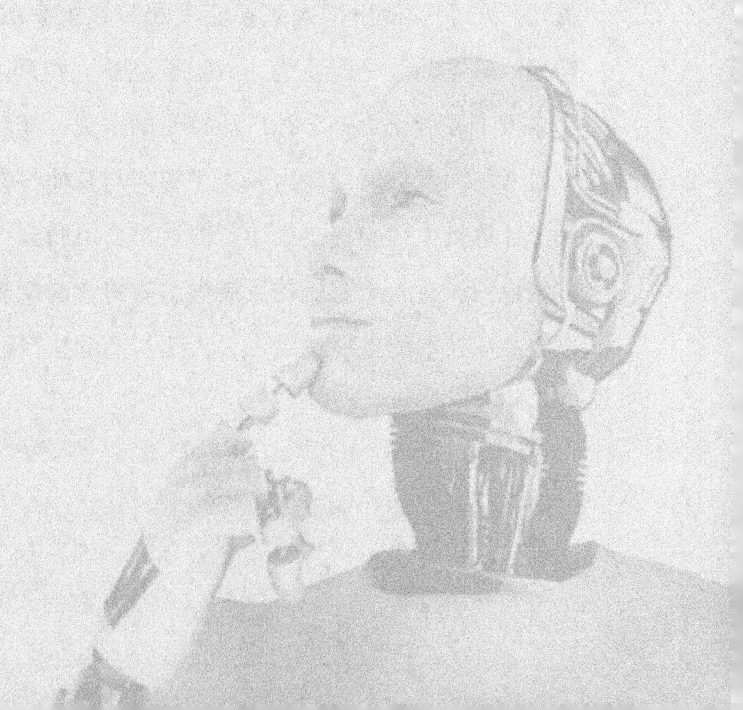

引 言

在人工智能具有自我思考与学习的能力后,人工智能的主体意识、权利能力与法律认可,需要法律予以明确。现行法律体系下对于人工智能的法律人格规制缺位,造成实践应用缺乏法律价值指引,人工智能的法律地位与具体规制亟待明晰。虽然目前人工智能尚不具备独立意识,更不具备主体意识,但是人工智能技术进步到具有自主思维意识与极强学习能力的强人工智能时,可否将对法律主体人格的承认作为相关法律尤其是民法的解决进路?尤瓦尔·赫拉利在《未来简史》中指出,既然公司之类没有身体没有心智的实体可以被承认有法律上的主体地位,那么智能机器人未来也必然将获得相应的主体地位。①

2017年7月20日,国务院印发《关于新一代人工智能发展规划的通知》,②明确提出把人工智能发展放在国家战略层面系统布局,牢牢把握战略主动。一般认为,人工智能是人机环境系统交互的产物,③但迄今人工智能尚无一个被广泛接受的定义。笔者认为,具有类似人类独立思考与深度学习的能力是人工智能与其他科技最大的差异。艾伦·图灵等计算机大师曾提出人工智能迟早会威胁到人类生存,必须在问题积重难返前,对人工智能的发展做出妥善的法律规制安排,以引导实践的发展。在技术的发展过程中,人工智能的法律地位、法律责任、权利义

---

① [以]尤瓦尔·赫拉利:《未来简史——从智人到神人》,中信出版社2017年版,第293页。
② 《关于新一代人工智能发展规划的通知》(国发〔2017〕35号文)。
③ 刘伟:"关于人工智能若干重要问题的思考",载《学术前沿》2016年第4期。

务范围等法律规制该如何界定？对于这些问题，现行法律规制并无明确的解答。在法律制度无法有效应对实际情况时，法律理论理应出场，[①]首先需要明确的问题就是人工智能是否具有法律人格，即人工智能是否等同于法律意义上的人，具有什么程度的权利与义务。如人工智能体代替当事人签订的合同效力、侵权事故中如何充分保护受害人的利益以及著作作品的权利归属问题的解决。因此，就这个意义而言，人工智能的法律人格问题直接关系着侵权责任承担、知识产权应用、数据应用安全、价值一致性判断、机器伦理学等一系列基础理论的发展决策。

笔者认为，必须阐释法律主体地位赋予的机理，通过考察法律主体扩张的趋势，明确人工智能主体地位与资格赋予的障碍和可能。人工智能具有独立自主的行为能力，有资格享有法律权利并承担责任义务，人工智能应当具有法律人格。但由于人工智能承担行为后果能力的有限，人工智能应当适用特殊的法律规范与侵权责任体系安排，其具有的法律人格是有限的法律人格，域外法律对此已有立法借鉴。在明确了人工智能主体地位后，应该如何在具体制度上予以落实，如何调整适应人工智能有限法律人格的规制安排呢？笔者认为必须明确人工智能归责原则，通过强制投保责任险、确立以人为本的监管体系、加速《人工智能发展法》立法等体系性安排促进人工智能在可控的范围内发展。例如，可否通过对《民法总则》第128条"等"字进行解释，将人工智能解释进此类弱势群体去施以保护；或是否可以类推适用《民法总则》第16条第一句对胎儿利益的保护，将人工智能视为权利主体。也许还存在其他路径，这些路径是否具有可行性仍需探讨。但不管如何，我们已经无法对不断蓬勃发展的人工智能技术及其产品视而不见。这是我们这个时代不得不回答和回应的问题。

[①] 陆幸福："论搜索引擎服务商在提供链接过程中的权利与义务——基于霍菲尔德权利理论的一种分析"，载《法学评论》2013年第4期。

一、何谓法律人格

（一）法律人格定义

法律人格，是指法律认可的一种享受权利、承担义务的资格。法律人格的形式具体包括自然人主体、法律拟制主体两种。对于任何自然人，法律均承认其法律人格，民法上分为无民事行为能力人、限制行为能力人与完全行为能力人，法律人格伴随自然人终生。对于法律拟制主体的人格，则需要经过法律规定的程序方可取得，例如，有限责任公司的设立等。[1] 简单地说，法律人格是某一主体能否成为法律意义上"人"的资格，是其享有权利、履行义务的基础。人格是可以扩展自然之外的实体，[2] 但现行体系下，人工智能是否具有法律人格并不明晰，造成了现实的适用困境。2017年7月20日，中国国务院发布《关于新一代人工智能发展规划》，要求"明确人工智能法律主体以及相关权利、义务和责任等"，"通过法律化解、吸纳风险"并"将风险社会置于法治社会的背景之中"，对人工智能时代的法律制度进行新的具有前瞻性的整体建构。

（二）法律人格的历史演化

法律人格，意即法律主体的概念在不同历史阶段有不同内涵，不论生命体或无生命体都曾在法律史上存在过法律人格，从民事主体涵盖的范围分析，诸如动物、建筑均曾被认为存在法律人格。总体而言，法律

---

[1] 叶欣："私法上自然人法律人格之解析"，载《武汉大学学报（哲学社会科学版）》2011年第6期。

[2] ［英］戴维·M. 沃克：《牛津法律大辞典》，光明日报出版社1988年版，第687页。

人格的赋予在法律的发展历史上呈现逐步扩大的趋势，奴隶、儿童、女性、肤色人种等获得法律人格的过程就是随着社会不断发展而不断赋权的过程。这种趋势昭示人类法律社会的法律主体形成并不是完全封闭的机制，法律人格的限定范围并不仅仅限定于自然人，而是随着情势的不断发展变化而动态变化的，并呈现开放性的面貌。

1. 自然人享有法律人格的历史进程

在文明社会发展初期，人类社会的统治阶层人为地对自然人按照等级进行区分，如《汉谟拉比法典》就将古巴比伦人按照权利的不同，划分为自由民、无投票权的自由民以及奴隶。自由民拥有完整法律人格，享有投票、言论、迁徙等相应法律权利，无投票权的自由民仅具有部分法律人格，虽然享有部分法典规定的权利，但不具有自由民的完全法律权利，奴隶则不享有任何权利，作为奴隶主的财产只有劳动的义务，在《汉谟拉比法典》下，奴隶并不具有法律人格。

在古罗马法下，曾经实行过特殊的"人格减等"制度，古罗马人如果需要在政治、经济、家庭等方面享有完全的权利能力，具备完整意义的人格，必须同时拥有自由权、市民权和家族权三种身份权。"人格减等"的直接目的在于维护古罗马社会的森严等级制度，保证社会的充分稳定性，减少阶层流转带来的政权不稳定因素。若丧失上述身份权的一种或数种，则产生"人格减等"，成为不完全人格的人。按照丧失权利的不同，分为"大减等""中减等""小减等"，格阿士将其称为"原有身份之变更"。人格"大减等"即宣告法律死亡，"中减等"为丧失市民权与家族权，但能够避免沦为奴隶，"小减等"仅丧失家族权，自由权及市民权并不受影响。从历史的长远进程分析，"人格减等"加剧了社会的不平等与不稳定性，最终影响人类的整体利益。

随着人类权利意识的觉醒与生产力水平的长足进步，社会发生了显著变化，能够作为法律主体存在的范围逐渐扩大，文艺复兴以后，普通自然人享有法律人格在东西方世界都已极为普遍，但差异化的身份识别（如奴隶以及妇女人身依附于丈夫）却依然存在。自然人依据所处的不同阶层，根据其性别、年龄、宗教信仰、职业等级等因素而具有极为明显的差异化区分，但一个显著的趋势是身份权的认同与财产权的结合逐渐紧密。第二次世界大战结束以后，自然人享有法律人格并享有平等权利的时代真正进入人类社会，无论性别、肤色等外部特征如何，均可成为法律主体、享有法律人格。

2. 动物法律人格的法律表达

随着人道主义与权利意识的观念深入人心，近年来，对于动物保护主义的拥趸甚重，其中不乏为猕猴、人猿等灵长类哺乳动物呼吁法律权利的观点。目前现行绝大多数国家对动物的法律主体地位均未明确，但大部分立法均承认动物的特殊性，人类对于动物应当具有人道的义务，不得凌虐、侮辱动物。瑞士1992年《宪法》认为动物为"存在体"，苏黎世地方法律规定受虐的动物存在拥有律师的权利。历史上，欧洲曾有蝗虫、狼、老鼠等成为被告的审理案件记录，法庭也曾为这些主体指定过律师。但动物尚未具备成为原告主体的资格，在美国"色拉俱乐部"案[1]中，有法官对动物的法律主体地位否定提出了异议，格拉斯法官在判决附带意见中分析，应当为森林、河流、动物等特殊自然物赋予法律主体资格，给予其表达权利的地位。经过持续不断的长时间争论，西方法律世界对于动物权利的争论未曾停止，但现阶段一般观点均认为动物不具备法律人格。

3. 河流等无生命主体的法律人格渐进

为保护新西兰第三大河流旺格努伊河（Whanganui River）特殊的民族信仰地位，2017年新西兰国会赋予该河流以人格，使得河流具有法

---

[1] Sierra Club, 405 U. S. at 741-43, 749 (1972).

人地位，分别由毛利部落和新西兰政府任命的两名人员出任该河的法人代表。这已不是新西兰第一次为无生命体授予法律人格，2014年新西兰北岛霍克湾地区的尤瑞瓦拉（Te-Urewera）国家公园已经获准为法人。新西兰的国民主体为毛利人与白种人，而国土境内的部分土地和水域处于既不属于政府又不属于毛利人的处境，这部分无生命体被赋予了法律主体资格，例如，旺格努伊河与尤瑞瓦拉国家公园就成为自己的"主人"，能够代表自己的利益出庭。

西方法制史上曾多次出现过将河流等无生命主体作为法律主体对待的情形，古宗教建筑曾经被认为是具有权利的主体，虽然上述无生命体不具有人类的意识、情感，但为了保护具有某项特定意义的无生命体，法律将其视为具有人格，曾经有过对于无生命体的审判案例，而无生命主体的人格演绎，直接为法人等与财产密切相关的拟制人格的出现提供了有力借鉴。

法律人格的赋予必须基于社会发展的现实水平并受制于历史、政权等多种特殊因素，即便是自然人成为法律主体也经历过漫长的发展过程，但基于上述分析，法律人格呈现扩张的状态，即使是河流等无生命主体，在特定的环境与目的下同样可被授予法律人格。从法律的张力分析，人工智能本质上依然是机械装置或算法系统，但法律人格依然具有被赋予的可能性。

二、人工智能法律人格不明引发的现实困境

人工智能法律人格不明，导致现实实践中存在一些困境。这主要表现在以下几个方面。

（一）缺乏法律价值指引

每一项重大科技应用前后，均有对其的争论。20世纪90年代克隆

技术的成功就曾产生过巨大争议，其中最大的焦点在于是否允许生理性繁殖克隆人。1997年11月，联合国教科文组织制定《人类基因组与人权世界宣言》，第11条明确规定应当禁止生殖性克隆人类。2000年4月，日本内阁会议通过关于《限制对人的克隆技术的法律草案》，禁止克隆人类。国际社会明确克隆人不具有法律人格，立法禁止克隆人类，但对人工智能的态度含混不清。对于克隆人的主要担心在于其诞生将扰乱人类社会基础的血亲伦理关系，由于人工智能在繁殖方式、发展方式上均存在根本不同，因此，学界主要担忧人工智能发展程度过高后会反制人类。按照趋势，人工智能的发展必将会在未来出现突破，但现行法律规制对于人工智能法律人格的态度模糊，[①]特别是在人工智能权利、侵权责任主体等关键问题上的缺位，使得人工智能的发展缺乏法律价值的引领。例如，在人形机器人的肖像权问题上——如"索菲亚"等人形交互式机器人的肖像权是否属于人格权？是否应当对涉及犯罪行为的人工智能予以惩戒？无人驾驶汽车造成的侵权由何种主体承担什么程度的责任？在涉及人与动物共同遇险的情况下，人工智能是否应当遵循一定的救助伦理？上述问题的关键回答在于人工智能是否具有人格、具备什么样的人格。

（二）法律地位不明

由于人工智能的法律人格概念不明，导致其法律地位并不清晰。作为具有独立思考能力的客体，人工智能可以"深度自主学习"、使用"神经网络"，人工智能具有此种类人特性，是否应当赋予人工智能以人权？从法哲学的角度分析，是否应当认同"人工智能等同于人"的根本问题？如果不能，人工智能技术应当作为何种法律主体、具有何种

---

① 梁庆寅、魏斌："法律论证适用的人工智能模型"，载《中山大学学报（社会科学版）》2013年第5期。

法律地位？人权，是作为个体的人对于自己基本利益的要求与主张，这种要求或主张是通过某种方式得以保障的，它独立于当事人的国家归属、社会地位、行为能力与努力程度，为所有的人平等享有人权是人之为人的最基本的权利，是一切利益和权利的前提和基础。① 如果人工智能适用人权及人权伦理体系规制，则其法律地位是否等同于人类？若其具有人类完全相同的法律地位，则是否会出现人工智能机器人享有婚姻权同人类通婚，从而导致现行法律体系逻辑乃至人类赖以生存的伦理社会的崩塌？

（三）缺少具体规则标准

人工智能的短期影响取决于谁控制人工智能，而长期影响则取决于人工智能到底能否受到人类控制，人工智能的运用与发展必须需要法律人格的明确。从现实情况分析，现有规制无法有效规制快速发展的人工智能技术。根据笔者2017年7月的实地调研，目前深圳人工智能产品由深圳市场监管委进行审批，但申报的类目为玩具类，所有的申报标准与文件均按照相应玩具标准进行审批，在海关进出口过程中也并无人工智能这一单项列出，目前其暂时仍作为玩具进出口，显然无法满足人工智能产品的生产与发展。笔者认为，有关人工智能发展的具体法律规制，至少应当包括以下几个方面的内容：第一是明确人工智能具有法律人格，确定人工智能享有的权利与义务边界；第二是确定人工智能侵权的相关原则，若发生侵权事故时该怎样认定相应的法律责任，适用怎样的归责原则；第三是重视开发应用人工智能技术时对于数据与隐私的保护；第四是确定人工智能的有效监管规则。通过对位的具体规则标准，优化发挥法律对于人工智能的引导与监管作用。

---

① 甘绍平：《人权伦理学》，中国发展出版社2009年版，第2页。

三、人工智能人格学说类型

对于人工智能人格的研究早已展开。这主要体现在以下几个方面。

(一) 法律人格类型

历史上,最先具有民法意义的人格是自然人具有的人格,但随着社会发展的需要,法律人格的范围不断扩展,公司等法人开始具有拟制型人格,目前,法律人格的类型学界有以下几种划分。

1. 自然人格

民法意义上的人格为自然人的人格,等同于抽象化的民事权利能力,某个人具有民事权利能力,就可以认定为具有抽象人格。而自然人的民事行为能力,则为自然人格,抽象人格人人平等,而具体人格则需要考察其真实的民事行为能力。

2. 拟制型人格

在现阶段指法人与非法人组织在法律意义上的地位,特别是在民法上与自然人相对应,为法人等人合或者财合组织取得民事行为能力提供法律基础。法人设立的初衷是适应商品社会发展到较高阶段的交易秩序需要,将法人作为拟制的法律人格对待,其事实存在体现人的意志。我国《民法总则》规定公司、民办非企业等均具有拟制型人格,具有拟制型人格的组织范围也呈不断扩大的趋势。

3. 电子人格

2016年5月31日,欧洲议会法律事务委员会发布《关于机器人民事法律规则立法建议致欧盟委员会的报告草案》,并于2017年2月通过了该草案形成的决议。该项报告在正文第59段建议,为适应实践发展的需要,着手为机器人创设特定的法律人格,至少明确具有自主性的机器人具有"电子人"（electronic person）的法律地位，使其能够承担损害赔偿责任。2017年10月，沙特政府决定授予中国香港地区生产的对话式"索菲亚"机器人以公民身份，该款机器人属于可交互式机器人，可以理解人类语言并进行交流式互动。在此之前，日本曾授予老年陪护型机器人"帕罗"以户籍，在法律意义上承认了人工智能具有一定程度的人格地位。

但值得注意的是，并非机器人均具有电子人格。根据RIB（美国机器人协会）的定义，机器人是指具备编程能力，经过编程动作执行任务的功能性操作器械；根据我国国家级标准《机器人与机器人装备词汇》的规定，具备两个或以上可编程轴并具有一定自主能力执行可编程任务的机械结构被称为机器人。对此，有学者将人工智能区分为智能型人工智能和非智能型人工智能有很好的学理意义。而判断人工智能的智能标准，就是智能型人工智能具有电子人格的人工智能必须具备深度学习与类人思考的精细能力。[①] 因此，并非所有的传统机器人均具有电子人格，机器人可能只是人工智能的形体化载体之一。

4. 虚拟人格

虚拟人格概念在互联网得到高速发展后被广泛提及，将自然人在网络虚拟空间活动时的人格予以主体化表达，将虚拟人格与自然人人格予以剥离。由于网络带来的物理空间隔离性，网络上隐藏自然人的真实身份极为容易，由此造成的后果褒贬不一，自然人可以在不受干涉的情况下自行收集敏感信息，并可以通过网络将自己原有人格隐去，例如，女扮男、小孩扮老人。网络世界为虚拟人格提供了存在的基础与可能，与真实的自然人格不同，虚拟人格的身份、年龄、性格、性别都是主观人格所赋予，虚拟人格更多考量的是心理学内容。虚拟人格具备以下几个

---

① ［意大利］乌戈·帕加罗：《谁为机器人的行为负责？》，张卉林等译，上海人民出版社2018年版。

特点：身份的假定性、行为的去抑制性、角色的多重性和存在的依赖性，其更倾向于假定型人格。

5. 有限人格

有限人格[①]认为人工智能享有人格但其人格有限，与自然人格或者拟制人格以及电子人格并不完全等同，人工智能可以做出行为，但其承担行为的能力有限。也有学者对人工智能的有限人格提出过异议。

法律人格的赋予不仅意味着人工智能系统从此和其他自然人、法人、非法人组织一样在法律上具有平等的地位、享有独立的法律人格、能够作为法律主体从事法律活动、享有权利并承担义务，还意味着人工智能系统从此和其他法律主体一样享有生命权、身体权、健康权等不可被剥夺的法律权利。

（二）人工智能的法律人格学说

学界对于人工智能的法律人格有如下几种代表性学说。

1. 人格否定说

目前已经发表的学术文章，对人工智能的法律地位持否定观点的居多，主要观点包括以下几种。

（1）工具说。

该说认为机器人或者是目前已经具有深度学习能力的人工智能，归根结底是人类创造的服务于生产的工具，可以通过适用产品责任完成侵权责任分配等法律问题。[②]但笔者认为该说无法回应诸如"索菲亚""帕罗"之类的机器人已经获得国籍或户籍而被认为具有部分人格的问题。

[①] 关于人工智能有限人格的观点，国内最早由袁曾博士提出，参见袁曾："人工智能有限法律人格审视"，载《东方法学》2017年第5期。

[②] 杨立新："人工类人格：智能机器人的民法地位——兼论智能机器人致人损害的民事责任"，载《求是学刊》2018年第4期。

(2) 软件代理说。

该说认为人工智能是算法等软件的代理，其传递的是用户要求的信息，因此无法具有法律人格和行为能力。笔者认为该说的主要缺点与"工具说"类似，主要是忽视了人工智能尤其是强人工智能发展迅速的现实，在人工智能具有深度学习与类人化神经元思考能力后，例如，无人驾驶汽车在无人类干预的情况下造成了第三方侵权事故，其自身的算法与计算逻辑已经不能简单地用代理的方式解决，笔者认为强人工智能应当具备一定的责任能力。

(3) 道德能力缺乏说。

有学者认为，人工智能无法称为人的原因在于机器无法具备自然人所具有的道德、良心、良知、伦理、宗教、规矩和习惯，由于机器人既无基于内心观察（认识）、判断、选择等一系列复杂行为所构成的意思能力，也无独立的财产能力和责任能力，因此人工智能无法被赋予人格[1]。从法律范畴分析，法律上的人必须是具有道德能力的人。这是由于法律来源于道德，没有道德认知能力的自然人或者动物均不应具有法律主体地位，人工智能不具备道德认知与施行能力，因此，无法享有法律人格[2]。道德能力缺乏说忽视了道德与法存在的根本区别，道德的基础是社会评价，而法律的基础是规范的遵守与违反的惩罚，法律主体应当与道德主体呈现多元化的不同。同时，从客观分析，并非只有人类才有道德，从事物本身的存在合理性出发，乌鸦反哺、耕牛护子等具有天性的行为依然符合人类的道德价值观，如果人工智能被设定为符合社会规范意义的算法逻辑价值观，并非不可能被承认为具有道德性。

---

[1] 赵万一："机器人的法律主体地位辨析——兼谈对机器人进行法律规制的基本要求"，载《贵州民族大学学报（哲学社会科学版）》2018年第3期。

[2] Martha Nussbaum, Animal Rights: The Need for a Theoretical Basis, (2001) 114 Harvard Law Review, 2001, vlo114. 1506, 1519.

(4) 认知能力匮乏说。

该说认为理性源于对事物的客观认知，没有认知能力的主体无法被认定具备法律人格。[①] 例如，婴儿、精神病人、动物均不具备认知能力，因此，人工智能也无法律人格。但该说无法解释我国《民法总则》第 127 条已经将权益扩展于胎儿的现实做法，存在弊病。特别是该说极为强调人类理性的作用，而理性并非法律行为的唯一考量因素，情感、外部条件均可能成为影响法律主体行为的因素，即便是丧失理性的精神病人，同样应当具有法律人格，只不过其行为能力与责任能力受到限制。

(5) 意思能力匮乏说。

该说认为能够表达自主意识能力的人才可以成为法律主体，缺乏意思能力的主体不能成为法律主体，不享有法律人格，人工智能同婴儿、精神病人一样，不可以拥有法律人格[②]。某个主体是否具有法律人格需要考虑其充分必要条件，具备意思能力仅为其充分条件，非必要条件。通过运算得到的行为指示缘何不能称之为意思能力——如无人驾驶汽车自行做出的规避行为，因此笔者认为该说存在重大纰漏。

(6) 痛苦感知说。

该说认为动物等能感受自身痛苦的主体可以享有法律人格，但人工智能作为机械，无法感知痛苦等情感，因此不具备法律人格。[③]

(7) 人类生命神圣说。

该说认为人类作为地球最为高级的物种，其他任何物种生命均无法与神圣的人类生命相比，为维护人类神圣生命的纯洁性和唯一性，人类的生命必须予以维护。因此，人工智能不得与人类相提并论，无法享有

[①] Tom Regan, The Case for Animal Rights, University of California Press, 1983, pp. 21 – 22.
[②] Paton v. Trustees of British Pregnancy Advisory Services, [1978] 2 ALL R 987, 989.
[③] Kevin Dolan, Ethics, Animals and Science, Blackwell Science, 1999, pp. 118 – 119.

法律人格①。该说直接否定了法人等拟制主体的人格,不具备适用的逻辑。同时,该说也无法解释著作权等人格权益在人类生命消逝过后依然存在的基础性问题。

2. 人格肯定说

根据宗教的通行观点,人类应当同自然与技术和谐共存,存在的即为合理的,事物拥有权利并非人类所赐,而是因为其本身的客观存在。英国法学家莫里斯曾经提出,自然法并没有暗含人类的权利不受侵犯,牲畜与森林没有对于人类的义务,自然界的各种主体也应当享有权利,自然界的主体也应当能够参与诉讼,由某些指定或选定的人作为自然的保护人或代理人,授予自然界主体以权利的好处是迫使人类尊重其干涉自然界主体权利的义务。同理,如果人工智能可以被授予法律人格,这将直接避免人工智能沦为新技术时代的电子奴隶,而是具有人工智能自身权利的法律主体。法律的进步直接反映了所在经济社会的现实发展水平,例如,美国现行《宪法》就反映了18世纪立法之初的技术、经济、政治体制等诸多因素,当人工智能可以被赋权时,立法也应做出相应的调整。人工智能人格的授予,将直接关系到人类未来发展的公共政策问题②。纵观法律主体的发展历程,法律人格呈不断扩大的趋势。法人等非自然人主体通过拟制等手段成为法律主体、参与法律关系,其产生与发展直接作用于人类经济社会的快速发展。历史上建筑、河流、土地均曾经出现过享有人格的情况,为了更好地顺应技术发展的现实,尤其是当人工智能具备自我思考与行为能力后,有必要授予人工智能以人格,使得其具备自主意思表示能力与责任承担能力,通过法律人格拟制的方式赋予其法律主体资格,更好地为人

---

① Andrew Linzey, Tom Regan eds, Animals and Christianity: A Book of Readings, Crossroad, 1990, pp. 18 – 19.
② [美] 约翰·弗兰克·韦弗:《机器人是人吗?》,刘安海等译,彭诚信主编,上海人民出版社2018年版,第32页。

类社会服务。对于肯定人工智能法律人格的观点，学界与法律界主要有以下几种理论。

（1）代理人说。

在代理理论下，人工智能的所有人或使用人与人工智能的关系被认定为法律代理关系中本人与代理人的关系，[1]代理人应为其行为负责，而该行为的结果需归结到本人[2]。美国《统一电子交易法》第14条规定："合同可以由双方的电子代理人界面形成，即使无人知道或审查电子代理人的行为或由此产生的条款或协议。"[3] 根据代理的基本法理，可以作为代理人的人，必然是具有法律主体地位，且具有一定行为能力。

（2）电子人格说。

2015年1月，欧盟议会法律事务委员会（JURI）决定成立工作小组，专门研究与机器人和人工智能发展相关的法律问题。2016年5月，法律事务委员会发布《就机器人民事法律规则向欧盟委员会提出立法建议的报告草案》（*Draft Report with Recommendations to the Commission on Civil Law Rules on Robotics*，以下简称《报告草案》），在《报告草案》中，法律事务委员会提出了"机器人宪章"（Charter on Robotics）。这一宪章针对人工智能科研人员和研究伦理委员会（REC）；有关机器人电子人格的内容规定在"General principles concerning the development of robotics and artificial intelligence for civil use"下的第31条（F）款中。[4] 2016年10月，《欧盟机器人民事法律规则》（*European Civil Law Rules in*

---

[1] Jack Balkin, The Path of Robotics Law, California Law Review, 2015, 6, pp. 45–60.
[2] Samir Chopra, Laurence F White, A Legal Theory for Autonomous Artificial Agents, Michigan: Michigan University of Michigan Press, 2011.
[3] ［意大利］乌戈·帕加罗：《谁为机器人的行为负责？》，张卉林等译，上海人民出版社2018年版，第32页。
[4] 参见 http://www.europarl.europa.eu/oeil/popups/ficheprocedure.do? lang = &reference = 2015/2103（INL）。

Robotics）发布。在这份报告和研究的基础上，2017 年 1 月，法律事务委员会以 12 票赞成、2 票反对、2 票弃权，通过决议要求欧盟委员会就机器人和人工智能提出立法提案（在欧盟只有欧盟委员会有权提出立法提案）。欧盟委员会并无义务遵守这一要求，但如果其拒绝这么做，就必须陈述其理由。① 2017 年 2 月 16 日，欧盟议会以 396 票赞成、123 票反对、85 票弃权，通过上述决议，即 European Parliament Resolution of 16 February 2017 with Recommendations to the Commission on Civil Law Rules on Robotics，② 有关机器人电子人格的内容规定在"General principles concerning the development of robotics and artificial intelligence for civil use"下的第 59 条（F）款中，③ 使得人工智能在一定范围内具有自主权。该报告提出了具有电子人格的高级人工智能应有的四大特征：一是通过传感器或借助与其环境交换数据的互联性获得自主性以及分析数据的能力；二是从经历和交互中学习的能力；三是机器人的物质支撑形式；四是因其环境而调整其行为和行动的能力。同时，应当建立高级人工智能登记制度，实现责任可追溯性，而人工智能人格并非因人工智能被设计或者制造而产生，而是需要申请并通过审批后方可享有。

（3）有限人格说。

有限人格说[④]认为人工智能享有人格但其人格有限，与自然人格或者拟制人格以及电子人格并不完全等同，人工智能可以做出行为，但其承担行为的能力有限。有学者对人工智能有限人格提出过异议。[⑤]

---

① http：//www.europarl.europa.eu/news/en/press-room/20170110IPR57613/robots-legal-affairs-committee-calls-for-eu-wide-rules. 有关具体委员提出的意见，参见 http：//www.europarl.europa.eu/oeil/popups/ficheprocedure.do? lang = &reference = 2015/2103（INL）。

② 文件号 2015/2103（INL）。

③ 参见 http：//www.europarl.europa.eu/news/en/press-room/20170210IPR61808/robots-and-artificial-intelligence-meps-call-for-eu-wide-liability-rules。

④ 最早由袁曾在 2017 年《东方法学》所著《人工智能有限法律人格审视》一文提出。

⑤ 司晓、曹建峰："论人工智能的民事责任：以自动驾驶汽车和智能机器人为切入点"，载《法律科学》（西北政法大学学报），2017 年第 6 期。

(4) 人格拟制说。

雷·库兹韦尔在《人工智能的未来：揭示人类思维的奥秘》中提出：当机器说出其感受和感知的经验时，并且人类相信其所说的为真时，机器就成了有意识的人。人工智能应当享有法律人格，这种人格同公司等法人享有的人格相同，为法律拟制的人格。[1]同时，现行《民法总则》对于胎儿利益的拟制，也扩大了法律人格的范围。[2]人工智能在何情形下被视为法律主体，可以根据具体现实与司法实践决定。2016年2月4日，美国国家公路交通安全管理局在给谷歌公司的回函中表示，根据美国联邦法律，该公司自动驾驶系统可视为"驾驶员"。

(5) 法释义学说。

在我国现行法上，人工智能不是法律主体，但可以通过法律解释的方法，扩大主体涵盖的范围，将其解释认定为主体。[3] 例如，依据我国《民法总则》第128条的规定，法律对未成年人、老年人、残疾人、妇女、消费者等的民事权利保护有特别规定的，依照其规定。立法机关依据该引致条款所述的"等"，将法律主体扩大解释涵盖人工智能。

(6) 人道主义说。

印度哲学家萨卡尔（Sarkar）提出，人类需要超越自我狭隘关联的新人道主义，在考虑人类的定义时，应将动植物在内的所有生命均考虑其中，万物有灵，区别在于精神层级。一旦科技具有人道思维，同样可以成为精神载体。该观点与佛教中众生平等的观念相符，从上述角度分析，人工智能赋权可以证成。

---

[1] Ugo Pagallo, The Laws of Robots: Crimes, Contracts, and Torts, Dordrecht Springer, 2015, p. 254.

[2] 《民法总则》第16条："涉及遗产继承、接受赠与等胎儿利益保护的，胎儿视为具有民事权利能力……"

[3] 陈吉栋："论机器人的法律人格——基于法释义学的讨论"，载《上海大学学报（社会科学版）》，2018年第3期。

(7) 主体发展说。

人类的历史充满着排斥异端的习俗与权利的逐渐演变，从批判主义者的著作分析，阿甘本（Agamben）、阿伦特（Arendt）、福柯（Foucault）的著作均有提及。阿伦特的《极权主义的起源》，福柯的《规训与惩罚》等分析了权利对弱势群体不断排斥又不断演化的机制，而现代社会的发展历程也映衬了权力主体不断发展壮大的现实——从成年男性逐步扩展到女性、儿童、异族。①第三次工业革命以来，黑人平权、动物平权的呼声逐步转为现实，从权利主体的发展历程分析，人工智能能否成为权利主体也应依据社会实际的发展变化产生相应的转变。

(8) 人工类人格。

人工类人格是指智能机器人所享有的，通过人工制造的，类似于或者接近于自然人的自然人格的民事法律地位。②持此种观点的学者认为，人工类人格是人工制造的人格，不存在自然界交合、繁衍、生息、更替的过程，而是人类制造的产品，因此其并非凝聚人类意志的拟制人格，拟制人格并非此种人工智能所具备的法律主体地位。但是人工智能具有某些人类的智慧甚至外形，能够通过深度学习提升其智力水平，因此由需要从现实的角度给予其接近人类人格的法律地位，并且需要与人类人格存在泾渭分明的界限——人类享有权利并履行义务，但人工智能无法享有权利并履行义务，因为其行为、意志的基础依然为人所制约操控。因此，人工类人格是类人格，而非自然人格。一旦人工智能没有能源供给，其自然就无生存的能力，因此，人工智能还应界定属于物的范畴，应属于民法的客体而非主体。但必须注意的是，人工智能应具有民法的物中最高的物格地位。随着社会的发展和科技进步，物的发展呈现类型

---

① 美国《第十九号宪法修正案》在1920年才将权利范围扩展到女性。
② 杨立新："人工类人格：智能机器人的民法地位——兼论智能机器人致人损害的民事责任"，载《求是学刊》2018年第4期。

化的特征，杨立新提出根据物的概念区分不同类型物的民法地位，用伦理物格、特殊物格和普通物格区分当代物的三个基本类型，进而根据物的不同物格，确定不同的法律地位、权利行使规则和民法保护程度。人工智能属于物的最高类型，即伦理物格的物，并且根据智能机器人的伦理物格，确定其法律地位、权利行使规则和民法对它的保护程度。①

3. 人格回避说

对于智能机器人的法律人格问题，仍需要遵循"最小化原则"和"程序化原则"，尽力将已经存在的法律适用到人工智能时代，尽量在最低程度上对人工智能制定新的法律，尽可能通过程序性的技术改造来适用已有的法律，以清除法律障碍或者明确关系。②人工智能的出现对传统经济学理论构成了威胁，例如，马克思政治经济学认为价值是凝结在商品中无差别的人类劳动，而人工智能劳动产生的价值应当属于何种主体？如前文所介绍，瑞士要求雇主为其使用的机器人缴税，既然机器人有义务缴税，那么人工智能能否具有人格？中南财经政法大学吴汉东明确指出，对机器人权利保护或者说禁止对机器人滥用，在当下是社会伦理问题，在将来是劳动立法问题。也有学者提出既不承认也不否认人工智能具有法律人格，认为人工智能是电子奴隶，适用奴隶法。在罗马法中，奴隶既没有权利，也无权订立合同，但仍然可以作为主人的代理人，其实施行为的后果由主人承担，人工智能就是具有此地位的电子奴隶。③在处理危险品或爆炸品的任务中，智能机器人在人类的操纵下完成侦查与排爆的义务，即使发生危险，失去的也只不过是一件产品。如果贸然给人工智能赋权，仅侵权就会产生一系列难以解决的复杂问题。

---

① 杨立新："人工类人格：智能机器人的民法地位——兼论智能机器人致人损害的民事责任"，载《求是学刊》2018年第4期。
② 孙占利："智能机器人法律人格问题论析"，载《东方法学》2018年第3期。
③ 杨立新："人工类人格：智能机器人的民法地位——兼论智能机器人致人损害的民事责任"，载《求是学刊》2018年第4期。

四、人工智能应具有法律人格

美国在20世纪末成立了夏威夷司法部（Hawaii Ministry of Justice）以研究未来法律的可能变化，该部门成立伊始便关心人工智能的权利问题。美国学者菲尔·麦克纳利（Phil Mcnally）和苏海尔·伊纳亚图拉（Sohail Inayatullay）早在20世纪80年代就在《机器人的权利——二十一世纪的技术、文化和法律》一文中明确提出，机器人将来一定会拥有权利，随着权利主体的不断扩大，法律世界的责任、义务均会产生新的意义。随着人工智能的学习能力与思维能力的进步，法律权利体系的周延性必将受到冲击，约翰·厄姆拜克提出了"实力界定权利"，随着群体实力的变化而不断促进权利主体的反复发展变化。①但与现实相比，目前人工智能的法律应对正存在无所适从的难题。

法律规制的最终目标是构建和谐可靠的人工智能应用体系，在促进人工智能发展上，有必要通过法律的系统性调整以确保人工智能在可控的法律法规框架下。首先必须开展人工智能法律人格问题研究，明确人工智能具有法律人格。

（一）为什么说人工智能应具有法律人格

1. 人工智能是特殊性质的法律主体

对于人工智能的性质，学界一直有争论。普遍流行的有工具说、电子奴隶说、代理说等。②工具说认为人工智能是人类为生产生活应用而创设的技术，其本质是为人类服务的工具，工具说认为人工智能无独立

---

① 张玉洁："论人工智能时代的机器人权利及其风险规制"，载《东方法学》2017年第6期。

② Kalin Hristov, Artificial Intelligence and The Copyright Dilemma, 2016, 201 (57), p.442.

的意思表示能力，并不承认人工智能具有独立的法律人格。电子奴隶说认为人工智能不具有人类特殊的情感与肉体特征，在工作时无休息等现实需要，可以认作不知疲倦的机器，有行为能力但没有权利能力。代理说认为人工智能的所有行为均是为人类所控制，其做出的行为与引起的后果最终必须由被代理的主体承担。上述三种观点均存在不同程度的缺陷。工具说将人工智能作为工具，但忽视了人工智能技术已经发展到在某些领域或某种程度上可以做出独立意思表示的阶段。如美国电子代理制度在某种程度上承认机器人代替被代理人签订的合同合法有效，瑞士已有雇主为机器人缴纳雇员税的先例。再如特斯拉公司生产的电动汽车，已经实现了不需要驾驶员操作的无人驾驶，能够独立自主进行选择判断，其工具属性早已不属于无意思表示能力的传统"工具"。电子奴隶说认为人工智能并不具有权利能力，其引起的后果归属于其拥有者，虽解决了人工智能承担法律责任的主体问题，但实际上是延伸的工具说，否认人工智能的独立主体地位。代理说中对于人工智能的代理地位的确认其实已承认人工智能具有独立的法律人格，[1] 即在人工智能拥有权利能力与行为能力时，其才可能做出履行被代理人指令的行为，但代理人说并无法解决主体承担责任的公平性问题，在人工智能完全自行做出意思表示时，由制造者还是使用者作为承担责任的被代理人？笔者认为，人工智能是人类社会发展到一定阶段的必然产物，具有高度的智慧性与独立的行为决策能力，其性质不同于传统的工具或代理人。在现实条件下，将人工智能定义为具有智慧工具性质又可做出独立意思表示的特殊主体较妥。

强人工智能将对社会的整体结构产生重大影响，2018年世界经济论坛（WEF）发布的研究报告指出，至2025年年底前，机器人将担负

---

[1] 周晓俊等："基于约束的智能主体及其在自动协商中的应用"，载《上海交通大学学报》2005年第4期。

现有52%的工作任务，比例达到目前的2倍，尤其是会计、客户管理、邮政及秘书业务将迅速被取代。到2022年，销售、营销、客户服务、电子商务及社群媒体将需要大量借助人工智能的能力，对于人工智能这类特殊主体的性质，必须予以明确。从人工智能能力所处的发展阶段分析，可以将人工智能分为四类：第一阶段是像人一样思考，第二阶段是像人一样行为，第三阶段是自我理性思考，第四阶段是自主理性行为。当人工智能处于第三、第四阶段的发展水平时，已经可以进行复杂神经元思考，甚至超出人类的思维水平，使其能够基于自我意识做出相应行为。人工智能专家约翰塞尔曾经根据人工智能能力和机制的不同，将人工智能分为强人工智能和弱人工智能。处于第三、第四阶段的人工智能属于强人工智能。从2013年起，美国试行人类大脑计划，尝试以计算机方式绘制人类大脑运算回路图谱，试图通过挖掘人脑深层运算机理以实现运算仿真、事物认知、逻辑思考的能力。当人工智能不受原有算法限制而做出自我行为时，其已经具备行为与责任的基本能力。

2. 人工智能享有法律权利

"机器人不得伤害人类；机器人必须服从人类的命令，除非这条命令与第1条原则相矛盾；机器人必须保护自己，除非这种保护与以上两条原则相矛盾。"以上是著名科幻作家、"机器人学之父"阿西莫夫提出的"机器人三原则"。第2条中"机器人必须保护自己"实际就是给予人工智能自我保护的权利。西方哲学家认为技术发展到一定程度后必然会有精神，如果技术发展更加智慧，它就会像大脑成为精神的更好载体[1]。按照上述观点，人工智能应该有权利，不是因为它们像人类，而是因为它们具有精神。[2] 权利向新实体扩展是需要经过漫长过程的，大

---

[1] Phil McNally, Sohai Inayatullay："机器人的权利——二十一世纪的技术、文化和法律（上）"，邵水浩译，载《世界科学》1989年第6期。
[2] Phil McNally, Sohai Inayatullay："机器人的权利——二十一世纪的技术、文化和法律（上）"，邵水浩译，载《世界科学》1989年第6期。

陆法系下，独立的法律人格需要具备社会存在与法律确认这两个必须条件，即需要独立自主地做出意思表示并得到法律明确的确认。在现有技术条件下，人工智能已可签订合同、管理公司，其独立自主做出意思表示的能力已得到实现，但暂时还未得到法律确认。在此境遇下，人工智能能否要求权利？其能否具有维持健康、获得姓名的权利？其能否按照自我逻辑与算法做出价值判断？其在过度劳累时能否具有休息的权利？

若人工智能没有权利，就不会有法律地位，在法律上就不是真实的。[1] 根据 C. 斯通纳的观点，某一主体能否拥有法律权利应满足下列条件：第一，该主体应其要求可以提起法律诉讼；第二，法院在决定授予法律救济时必须考虑到损害；第三，法律救济必须满足它的利益要求。[2] 人工智能已可以应用于司法裁判，其自行提出诉讼要求并无实践难度。法院在决定救济时应当考虑到人工智能受到的损害。例如，摧毁或"谋杀"人工智能应当受到惩罚。人工智能虽然本质上仍是工具，但这种智能可能造价高昂并且承载人类或社会的感情，因为普通机器并不具有思考与交流的能力。若有人删除了孤寡老人的陪伴型人工智能机器人的记忆模块，则有可能导致这种独特记忆的永久消失并无法复原，从而造成更为严重的精神损害。法律救济满足人工智能的利益要求并非不可能，例如，停止侵害、排除妨害均可适用于人工智能的救济。综上，人工智能可以满足上述法律权利的三项条件，就具有公认价值与尊严，理应享有法律权利。

3. 人工智能必须承担法律责任

1978 年日本广岛的摩托车厂机器人突然转身将其背后的工人抓住并切割；1989 年全苏国际象棋冠军击败人工智能机器人，但机器人自

---

[1] Phil McNally, Sohai Inayatullay："机器人的权利——二十一世纪的技术、文化和法律（下）"，邵水浩译，载《世界科学》1989 年第 7 期。

[2] Phil McNally, Sohai Inayatullay："机器人的权利——二十一世纪的技术、文化和法律（上）"，邵水浩译，载《世界科学》1989 年第 6 期。

主释放强电流致使冠军身亡。人工智能侵权的事件事实上早已存在。随着人工智能的不断发展，其依靠独立自主意识而做出的不可预测行为将变得更加危险。人类必须为自己的行为付出代价，人工智能同样如此，并不因为人工智能并非人类就可以逃脱法律制裁，总有主体需要为做出的行为负责。

若人工智能犯罪，应当适用怎样的惩罚机制？而又应当如何避免此种犯罪行为的发生？人工智能在未来会面临更加复杂的伦理安全问题，谷歌 DeepMind 等机构已设立了伦理审查委员会，由不同知识背景和经验的专家组成，最大限度地考虑此问题。人工智能作为有独立意识特性的特殊法律实体，法律需要向更前沿发展，而人工智能必须设计成为具有可责性与可验证性的实体，其中包括开发数据记录全留存以便侵权后查验、主动告知人工智能风险、扩大人工智能相关数据披露范围、大规模商用前现行测试等，尽最大努力减少人工智能可能造成的危害从而减轻相应法律责任。

（二）人工智能法律人格适格性分析

为证成人工智能的法律人格适格，必须剖析人工智能的本质特征，对于人工智能是否能够成为法律主体、如何与现行法律制度配套、对于现实社会的影响等问题，必须做出正向或逆向回应。

1. 人工智能的自我意识表达

根据 1956 年夏季达特茅斯学院人工智能专家研讨会提出的观点，人工智能如果被称为强人工智能，应当具备以下几项能力：一是解决问题；二是说明结果；三是学习经验；四是重建知识；五是突破规则；六是决定关系；七是学会避短。目前计算机的水平——特别是 AlphaGO 战胜人类围棋冠军后，已经证明能够做到前四条，但暂没有重新为自己编程的高等人类能力。但根据科学乐观预测，预计到 21 世纪中叶，人工智能超越人类智能的"奇点"即将到来。传统机器人实际上为可编程的机械装置，其执行的各种动作均为人类在预先设定的模式运算下完成。传统机器人无法对自身行为做出提升等改进，只是对于同样动作的不断重复。但人工智能的运算模式与传统机器人完全不同，人工智能已经具备了自主学习与类人思考的能力，特别是其运算机制更类似于人类思考的神经元模式，其计算的过程与结果可能会偏离人类预先的认知范畴，产生人工智能运算的"黑箱"。2016年，一台名为"小胖"的人工智能机械臂在深圳高交会上突然失控，造成现场柜台受损，其运行轨迹并没有按照预先计算的流程执行。目前，人工智能已经较为广泛地应用于人类生活的各个方面，谷歌无人驾驶汽车已经路测行驶超过100万英里[1]，并产生了致人死亡的交通事故；武装侦察机器人已经应用于战争遂行战术行动，当人工智能不受预先限制做出自主行为时，若不承认人工智能的法律人格，究竟由何主体承担其自主意识行为的后果？

人工智能的发展以人为参照，判断其具备的能力以及由此具有智能的特征。[2]但人工智能迄今为止尚无普遍接受的统一定义，困难在于如何明确何为智能。1958年，麦卡锡组建了世界上第一个人工智能实验室，其认为人工智能可以用于制造其他智能机器。同年其发明了Lisp语言，与后来的逻辑式语言PROLOG并称为人工智能的两大语言。[3]人工智能通过计算机语言的使用，实现类人思考与选择的能力。

排除人类是利用神经元进行运算的思考方式，人工智能已经具备了智能的所有特征。算法从最初的"提炼自这个世界，来源这个世界"，转向开始塑造这个世界，形成了涵摄政治、经济、文化与社会发展的数字化生态，塑造了以数据和算法为基础的新型法权关系，实现对人类社

---

[1] 1英里≈1.61千米。
[2] 许中缘："论智能机器人的工具性人格"，载《法学评论》2018年第5期。
[3] 参见https://www-cs.stanford.edu/memoriam/professor-john-mccarthy，访问日期：2018年10月13日。

会秩序的深度变革与重构。①根据《第一财经周刊》2018 年 7 月的报道，IBM 公司旗下的 Project Debater 在复杂话题辩论中战胜了以色列国际辩论冠军，辩论的主题是"人类是否应当扩大使用远程医疗"，这款人工智能并未提前准备辩题，而是在现场通过搜索与辩题相关的庞大资料库并找到所有支持论点的观点与例子。

2. 赋予法律人格的社会考量

人工智能广泛进入人类社会的现实生活已经不是科幻小说中的场景，如前文所述，日本的伴护型机器人已有授予户籍的先例，其承载的不仅仅是日常生活协作的功能，更是人类精神的陪伴、情感的寄托。其改变的可能不仅仅是技术层面的工具，更可能的是带来人类整体生活模式的改变。当人工智能广泛应用于社交、家庭甚至性爱时，毫无疑问地将深刻改变目前人类社会的现存伦理与道德基础。特别是当人工智能通过自我意识的学习与表达，能够在精神层面与人交流并产生情感时，人工智能与人类的交互将远比工具的意义更为广泛。在人工智能时代下，其可能是宠物、同伴、同事甚至恋人，人类社会结构极有可能演化为多层次的人机机构，社会的发展变化将产生深层次的变革。长远分析，人工智能将在社会多元结构中占据重要位置，从而为人工智能具备法律人格提供意识基础。从哲学意义分析，存在即是为了被感知，那么人工智能是否是人工生命体，能够被认定为具有生命吗？从生物学角度，生命指的是碳水化合物通过生长、繁衍、进化等形成的生命体，因此，人工智能无法被认为是有机生物，而当计算机芯片被植入人型人工智能，采用人类类神经元的思考运算模式，能够表达并产生情感时，又应当如何认定此具有人型特征"物种"的法律地位？例如，一名同老人朝夕相伴的陪伴型人型机器人如果被物理摧毁，其损害的不仅仅是机械的财产

---

① 马长山："智能互联网时代的法律变革"，载《法学研究》2018 年第 4 期。

价值，更是老人珍贵的生活伙伴与情感记忆。即使给予机器人特定人格的存在，也不会损害以人为中心的伦理体系。正如2018年3月9日，欧洲科学与新技术伦理组织（European Group on Ethics in Science and New Technologies）发布《关于智能机器人、机器人及"自主"系统的声明》（Statement on AI, Robotics and Autonomous Systems）所指出的，无论"智能"系统多么先进与复杂，"自动"系统达到多么高的程度，无论他们在不依赖人类能够多高程度地自我操作与自我"自治"，"自治"作为原始意义上人类尊严的重要体现都不应该被相对化。以人类为中心建立相应的制度体系，避免具体人格的缺乏导致规则的无所依存。[①]人工智能不仅仅为人类所塑造，当其具备自主意识与思考能力时，更有可能重塑人类感知。

3. 人工智能赋权的经济学分析

人工智能能够显著提高生产率，特别是在替代人类常规劳动方面，已经取得了较大突破。根据摩根士丹利的报告，无人驾驶汽车投入大规模应用后，仅美国就可以获得1.3万亿美元的收入，其中燃料成本的节省、堵车成本的降低以及因交通事故减少而节省的医疗和保险成本就接近1万亿美元。[②]无人驾驶汽车的投入将显著地减少公共服务成本的投入，为政府机关维持社会发展提供有益的支撑。从投入产出的基本经济学原理分析，如果人工智能不能为投资者带来丰厚利益，对其的投入将大为减少乃至慢慢削减至无人问津的境地。为了鼓励公有资本与私有资本增加对于人工智能产业发展的兴趣与投入，必须设计合理的风险承担机制与责任归属机制。从人工智能的设计、开发、制造、监管、使用等多流程、多环节、多内容着手，设计合理的风险分配与责任建构机制。笔者认为，从经济学的角度分析，有几项内容必须予以注意：一是保

[①] 许中缘："论智能机器人的工具性人格"，载《法学评论》2018年第5期。
[②] 李彦宏等著：《智能革命》，中信出版社2017年版，第158页。

险。人工智能的设计制造属于资金密集行业，一般的个人或中小企业无力承担人工智能致损的后果，通过保险特别是强制保险的风险转移，能够较为妥善地解决责任链条的平均分布；二是责任分配机制。人工智能的各个环节的参与者均应予以明确责任，通过责任链条的形成以妥善减少不确定性带来的成本摊高，同时避免因单一主体担责而带来的风险成本过高。关于人工智能责任链条机制的构建，将于本书第四章予以详细论证。人工智能立法方面最大的突破为欧洲议会早在2017年提出的《机器人民事法律规则》，[①]该规则充分考虑了人工智能蕴含的巨大经济与社会利益，结合人类所处社会发展阶段的现实，从立法的高度提出构建有益人工智能发展的框架。通过建立欧盟层级的监管实施应用规范，掌握人工智能时代的立法话语权，该规则以决议附件的形式公布了三项重要守则——《机器人宪章》《机器人工程师的伦理守则》《伦理研究委员会守则》，对人工智能的开发研究提出了预防性、包容性、可逆性和问责制的机制要求，明确了数据保护、隐私保护、最大收益、最小损害等伦理性规则。

（三）人工智能法律人格有限

以法律手段调节生命社会关系，应是最有力、最有效、最稳定、最普遍的，[②]从人工智能的特性分析，其具有独立自主意识的智慧工具属性，享有权利并承担责任的独特特点决定了其具有法律人格。但这种法律人格同自然人或现有的拟制法人并不完全相等，虽然人工智能可以做出独立自主的行为，但其承担行为后果的能力是有限的。在人工智能法律人格有限的前提下，方可对法律规制做出合理的安排。

[①] European Civil Law Rules in Robotics.
[②] 唐小波："生命法学理论研讨会综述"，载《中国法学》1997年第5期。

1. 域外人工智能立法借鉴

人工智能的法律人格有限，是指其法律人格与自然人或公司不同，并不具有承担完全责任的能力与地位。虽然人工智能可以取得权利并承担一定的义务，但其价值观的形成与人类毕竟存在根本不同，人工智能的深度学习与应用主要依靠的是各种复杂的算法与数据记录应用，在运用算法的过程中，很难保证人工智能的每次独立自主行为均能做出合理合法的价值判断。对于人工智能的规制，还必须依赖于立法的体系性安排，确保人工智能的发展与应用在合理的区间范围内运行。

在人工智能具有有限法律人格的层面上，国外立法已做出一定的尝试：其一，立法者和执法者应确保人工系统不被滥用，法律必须在公民隐私保护与新兴技术发展间寻找到恰当的平衡。[1] 在使用数据的层面，已存在不少法律原则，如目的明确、最少够用、公开告知、个人同意等原则。平衡好优化服务与隐私保护、信息服务与信息防护、个体权利与公共利益、个人信息自由与国家信息安全的关系，探索合理利用和法律规制的边界，尝试构建平衡各方利益的综合防治法律体系。[2]

1998年英国《数据保护法》与2016年欧盟《个人数据保护通用条例》规定，禁止一切未经同意的非法使用公民个人数据的行为。这些法律规则非常实用，并提议建立沙箱区域以在控制所有可能的变量前提下，安全地控制和引导错误使用数据的行为。在"大数据"时代，数据是宝贵的财富，也直接关系人身安全，已有利用人工智能非法窃取网络信息的先例。[3] 人工智能系统对于个人数据的使用必须遵循规范的准则，滥用数据或窃取隐私将受到刑罚的规制，在人工智能的发展上，必

---

[1] 杨芳："德国一般人格权中的隐私保护信息自由原则下对自决观念的限制"，载《东方法学》2016年第6期。

[2] 陶盈："机器学习的法律审视"，载《法学杂志》2018年第9期。

[3] CristianVlad Oancea, Artificial Intelligence Role in Cybersecurity Infrastructures, Int'l J. Info. Sec. & Cybercrime 2015 (4).

须考虑能否保护公民的数据及隐私，能否一视同仁地对待每个公民的数据，以及能否保证公民个人信息的完整。使用非公共数据必须征得数据所有人同意；其二，延伸身份保证范式（identity assurance paradigm），以保持法律责任链条的明确性。个人识别信息是个人拥有绝对控制权的资产，法律应给予优先保护。2009年5月12日，欧盟委员会制定并通过《射频识别技术应用中隐私和数据保护原则的建议》，该建议中就明确包含信息和透明度要求、零售商使用数据的特殊要求等内容。设计人员应采用身份标签，没有身份标签将不被准入；其三，个人信息保护规制需要完善，以尊重个人数据完整性的方式设计并应用人工智能系统。欧盟在1995年颁布《关于涉及个人数据处理的个人保护以及此类数据自由流动的指令》等多项个人数据保护指令，构建了一套严谨完善的个人数据保护体系。根据德国现行法律，车辆中所积累的数据所有权原则上属于车主。2016年4月，欧盟《一般个人数据保护条例》发布，明确扩展了数据主体的权利，包括数据获取权、修改权、删除权、限制处理权及可携权等。比较而言，中国在个人信息和隐私保护方面的制度建设是较为滞后的。2012年《全国人民代表大会常务委员会关于加强网络信息保护的决定》出台，[1]但在实践上的作用仍极为有限，涉及更为严厉制裁措施的《个人信息保护法》与相关刑法修正案亟待出台。

2. 适用特殊的法律规制标准

进入算法"微粒社会"后，所有的个体人均成为数据，并最终成为被算法所定义的人，算法权力这种新兴的权力并不把人作为主体对待，而是作为可计算、可预测、可控制的客体。[2]当一种新技术对社会的影响在科学上尚无定论的时候，如果这种影响有可能是负面的、巨大

---

[1] 王秀哲：“我国个人信息立法保护实证研究”，载《东方法学》2016年第3期。
[2] John Cheney-Lippold, We Are Data: Aorithms and the Making of Our Digital Selves, New York University Press, 2017, p.141. 参见郑戈："算法的法律与法律的算法"，载《中国法律评论》2018年第2期。

的和不可逆转的，决策者就应该假定它会造成这种影响，并据此来制定相关政策和法律。这就是"风险预防原则"（precautionary principle）。对该原则最广为人知的表述出现在 1992 年的《里约宣言》中，该宣言的第 15 条指出："遇有严重或不可逆转损害的威胁时，不得以缺乏科学充分确实证据为理由，延迟采取符合成本效益的措施防止环境恶化。"[1] 笔者认为，人工智能具有独立思考的能力是与其他科技最大的区别，但人工智能本质而言仍作为工具存在，仅应具有有限的法律人格。即便人工智能发展到具有自我意志的程度，其构造结构、生产方式与人类存在根本性的不同。人工智能具有有限的权利义务，更应适用特殊的法律规制标准。

从哲学角度分析，人工智能毕竟只是人类为追求更美好生活创造出的智慧型工具，以人工智能创造的作品为例，人工智能创作文学作品早已经投入实践（如由人工智能创作的小说甚至通过了日本文学奖的初审）。特别是在视觉等艺术应用领域，人工智能已可以完全脱离人类独立生成独创性内容。美国《宪法第一修正案》规定：作者与创作者在限定的时间内具有科学发明与艺术创作的排他权利。如果人工智能具有完整的法律人格，则人工智能创造作品的著作权等知识产权的权利主体是谁？[2] 因此出现的法律真空地带，只能依据现有规制进行推论。[3] 笔者认为，人工智能创造的作品可分为两种，一种是人类利用人工智能技术创作的作品，其作品归属毫无疑问归属创作的人类所有。例如，使用计算机谱写的乐曲，人工智能仅作为工具使用，在 Burrow-Giles

---

[1] United Nations Environment Programme（UNEP）, Rio Declaration on Environment and Development, Principle 15, Rio de Janeiro, Brazil, June 14, 1992. 参见郑戈："算法的法律与法律的算法"，载《中国法律评论》2018 年第 2 期。

[2] 历来关于人工智能创作物版权的学说较多，有编程者独立权说、操作者独立权说、类职务作品说、共有权说、虚拟法律人格说等理论。

[3] 相关论述参见石冠彬："论智能机器人创作物的著作权保护"，载《东方法学》2018 年第 3 期；李伟民："人工智能智力成果在著作权法的正确定性"，载《东方法学》2018 年第 3 期。

Lithographic Co. v. Sarony 一案中，① 法院裁定使用相机拍照的人拥有照片的著作权，而不是相机制造厂商；另外一种是人工智能不受人类意志干扰而自行创作的作品，有学者认为可适用"雇主理论"②，即人工智能的所有者拥有人工智能独立创造的作品权利，人工智能作为被雇佣者，其权利归归主（雇主）所有。

还有判例认为非人类创造的作品应该归公众所有，在2011年的Naruto v. Slater案例③中，一名叫Slater的野生动物摄影师将相机放在印度尼西亚的雨林中，结果一只母恒猴拿起相机并按动快门，留下许多珍贵照片。Slater主张照片由其所有，动物爱好者协会则主张由母恒猴所有。法院最后认为由于恒猴并非人类，并无法出庭或具有法律上的人格，而照片也并非Slater拍摄，因此，将照片的所有权归于公众。无论上述何种观点，均不认为机器或动物等非人类具有著作权。

笔者认为在人工智能独立创作的情形下，可适用"刺破人工智能面纱原则"，即权利主体是人工智能背后的实际控制人。人工智能虽然具有法律人格，但这种人格是有限的，并非完全的法律人格。归根结底人工智能是由人类创造以服务发展的智慧型工具，即人类自身的权利优位于人工智能，④ 人工智能的工具属性决定了其法律地位。苹果公司现在出产的个人电脑软件已经可以根据现场环境独立编曲，在此环境下产生的作品并非由苹果公司或软件制作者享有著作权，而是由有使用该个人电脑的主体所有。采用"刺破人工智能面纱"理论将会大大鼓励人类利用人工智能进行创作的热情，同时促进人工智能产业自身的发展。

---

① 111 U. S. 53 (1884).
② Kalin Hristov, Artificial Intelligence and The Copyright Dilemma [C]. 2016-201 (57): 442.
③ 2016 U. S. Dist. Lexis 11041: 3.
④ 袁曾："空难水上救助的道德困境与海上人命救助制度的完善"，载《法学杂志》2017年第6期。

3. 以责任分配为基础的侵权规制

除对人工智能的法律地位进行必要规制外，更应明晰若发生侵权事故时认定相应法律责任的原则。[①] 由于人工智能具有的法律人格有限，其无法完全独立承担侵权责任。联合国教科文组织《关于机器人伦理的初步草案报告》提出对机器人的责任采取分担解决途径。让所有参与机器人发明、授权和使用过程中的主体分担责任。这种以侵权为基础的制度设计初衷，是迫使机器人系统的设计者与生产者将人工智能侵权成本内部化，督促系统的设计者、参与者、生产者自觉履行安全性义务，保证受害者能够寻找到主体获得补偿。依托侵权法分配的监管路径可以应用于人工智能，为建立人工智能的安全属性提供正面导向作用，强化人工智能产品责任。基于人工智能法律人格的有限性，通过侵权责任的杠杆，将人工智能系统的外部性安全成本内部化，鼓励人工智能的销售商、零售商、设计者、使用者、监管者，认真履行人工智能的安全责任，确保上下游链条不会随意更改人工智能系统。[②]

为了确保人工智能可以被问责，人工系统必须具有程序层面的可责依据，以证明其运作方式。由于人工智能研发具有高度的秘密性与分散性、不连续性及不透明性，任何一个拥有电脑或智能手机的个体都可能参与到人工智能的开发或研制中去。因此，必须对数据进行留存，要求所有参与开发、制作、生产人工智能系统所产生的数据必须妥善记录并永久保存，在事中授权或事后问责时向主管机关提供。由于人工智能系统复杂，普通民众甚至主管机关的业务人员可能无法了解人工智能的所有缺陷，因此，在发生事故后追寻原始数据将成为最有力的定责与索赔

[①] 于雪锋："侵权法中可预见性标准的基本功能及其比较"，载《东方法学》2016年第4期。

[②] John Fox, Safe and Sound: Artificial Intelligence in Hazardous Applications, The MIT Press, 2000, pp. 155 – 167.

依据。现代存储材料的便携性与高容量性使得数据记录成为低成本的事情，由于有强制责任保险配套，如果人工智能的开发者无法提供完整的数据记录，则由其承担无过错责任并进行赔偿。未妥善储存数据者需要承担严格的人工智能产品责任[1]。在举证责任问题上，一般使用者针对人工智能很难承担过高的举证标准与诉讼成本，应当考虑采用较低的举证责任标准，即使用者证明有损害发生并且这种损害是由人工智能造成的即可。

五、人工智能有限法律人格的规制设置

人工智能的本质依然为工具，即使人工智能具有自我意志也无法改变其服务人类社会发展的属性。因此，人工智能仅享有有限的法律人格，其自身承担有限的法律责任，其造成的侵权损害赔偿依据实际情况由其设计者、开发者、制造者或使用者承担。

（一）明确"刺破人工智能面纱"的归责原则

人工智能涉及的侵权规制主要集中在责任负担的主体、数据使用安全、破坏人工智能的责任分配等方面。在规制人工智能与促进人工智能发展的两个维度间必须寻找恰当的平衡，促进人工智能发展的首要问题是需要有主体为人工智能的行为承担责任。人工智能在独立意志的情况下也无法完全苛责新兴技术的创造者。[2] 即使是最细心的设计者、编程者以及制造者都没有办法控制或者预测人工智能系统在脱离之后将会经历些什么。假如嫌疑人醉酒驾驶无人驾驶汽车致人死亡，此种情况下将

---

[1] 郭建勋："英国法下的可保利益分析"，载《中国海商法研究》2016年第4期。
[2] Bruce G. Buchanan, Thomas E. Headrick, Some Speculation About Artificial Intelligence and Legal Reasoning, Stanford Law Review, 1970-1971 (23).

法律责任归于开发者显然是违背公理的。不解决此问题,人工智能的发展就缺少制度上的基础性理论支撑。

人工智能没有灵魂,其法律人格毕竟有限,即使将来拥有自我意志也无法存在繁殖性的肉体或者真实感情。[①] 有关公司的刑罚理论中最重要的是"实际控制人说",按照"刺破人工智能面纱"的归责原则确定责任主体。在无人驾驶领域,美国道路交通安全管理局于2013年发布《自动驾驶汽车的基本政策》,对自动驾驶汽车测试事故的责任承担进行了规定,车辆在被第三方改造为自动驾驶车辆后,测试过程中导致财产损失、人员伤亡的,车辆的原始制造商不对自动驾驶车辆的缺陷负责,除非有证据证明车辆在被改造为自动驾驶车辆前已存在缺陷。德国《道路交通法》规定机动车持有人的道路交通事故严格责任独立于车辆的自动系统,驾驶员在车辆行驶过程中必须履行全程保持警惕、手不离开方向盘等强制义务,否则需要承担人工智能造成的损害。谷歌公司曾经使用奔驰汽车进行测试,则安全责任由谷歌公司承担,而非奔驰公司,因此,在人工智能具有的法律人格有限的前提下,其造成的损害由人工智能的实际控制人或责任人承担责任是合理的。

(二)强制投保责任保险

凯西·欧尼尔在其著作《数学武器:大数据如何加剧不平等、威胁民主》中,将造成歧视、个体损害等不利后果的人工智能称为"杀伤性数学武器",人工智能如果利用不当,其给个体和社会带来的危害将极大[②]。在数据网络平民化时代,单一的国家或部门均无法独自应对人工智能带来的责任风险。传统的监管方式如产品许可制度、产品侵权

[①] Gabriel Hallevy, The Criminal Liability of Artificial Intelligence Entities From Science Fiction to Legal Social Control, Akron Intell. Prop. J., 2010 (4).

[②] C O'Neil, Weapons of Math Destruction: How Big Data Increases Inequality and Threatens Democracy, Crown Publishing Group, p. 3.

责任，无法全面地适用于人工智能规制。事前监管措施亦存在弊端，人工智能的开发与研究一般是分散的、碎片化的。在网络时代，任何人均可获得制造人工智能的机会，外部监管人员极难在人工智能形成危险结果之前发现存在的风险。必须采取新的经济措施以规制人工智能带来的责任风险——强制投保责任保险。2016年，英国议会提出一份有关无人驾驶汽车法律责任问题的提案，提出将汽车强制险适用扩大到产品责任，在驾驶者将汽车控制权完全交给自动驾驶系统时为其提供保障[1]。而投保人可根据英国现行《消费者保护法》的产品责任和普通法中过失原则的适用，确定应对事故发生负有责任的主体。在人工智能投入商用之前，必须为其强制投保责任险，以较小的经济付出，获得保险共担风险的机会。此举将大大减少人工智能侵权事件发生时的经济赔偿纠纷数量，直接促进人工智能行业的良性发展。

（三）确立"以人为本"的监管体系

人工智能行业的领军者埃隆·马斯克认为，政府监管介入人工智能领域是明智的选择。人工智能应在国际或者国家层面上有相应的监管措施，防止陷入"人工智能悲剧"。法规必须同科技进步相协调，若政府监管缺位，将明显加深公众对于人工智能的危机感并使得人工智能的发展陷入无序状态。在确定人工智能适用的一般原则时，主要考虑三大因素：人权、人类利益优先、削弱人工智能的风险。由于人工智能仅具有有限的法律人格，因此，人工智能的本质是为人类生产生活服务的工具（即"以人为本"），这是人工智能发展的首要原则，也是建立人工智能监管整体框架的首要指导原则。由于人工智能的项目集成程度与开发难度较高，往往是众多科研团队协作的结果，很难在事前由政府相关部门

---

[1] 宋云霞等："海上丝绸之路安全保障法律问题研究"，载《中国海商法研究》2015年第4期。

知悉，因此在事前设立审批制度难度颇大，即使人工智能开发团队将开发立项报告交予相关部门审批，相关部门的审批人员也未必能够了解人工智能的梗概并及时做出答复。从监管者角度分析，人工智能本身并不是难以处理的主体，难处理的是人工智能研究与开发。[①] 由此，依据"以人为本"原则创设事前备案、事中授权、事后惩处的整体机制较为适宜。事前监管采取原则性申报，即设计建造人工智能系统前，所有开发设计者必须共同向行业主管部门备案，承诺在维护人类利益的前提下进行合法开发，并不得用于违法犯罪活动；如果不进行申报，则人工智能系统将来不得应用于包括商用在内的公开领域。由于身份是人格权的基础，人工智能的登记备案就相当于给予人工智能法律上的身份，从而拥有其在法律上人格的可能。事中授权主要由政府授权的专业机构做出人工智能系统的风险评估和防控强调前瞻预防和约束引导，此授权无须彻底评估人工智能的算法、编程等技术性数据，只要企业或团队将人工智能用于公用领域前所需的事前备案书、强制保险投保确认书、产品质量认证书、数据清单及其他要求的明示性材料备齐，主管机关即可做出准予公用的授权。如果人工智能在实践应用中出现了危害人类的行为或其他侵权行为，则由政府机关问责惩处，特别是对于违反"以人为本"根本原则的企业或个人，加大惩处力度以促进人工智能行业和企业自律。而主管机关亦可通过已发生的事件强化人工智能安全监管和评估体系，反向构建人工智能安全监测预警机制。

(四) 加快制定《人工智能发展法》

1987年在美国波士顿东北大学举办的首届国际人工智能与法律会

[①] Matthew U. Scherer, Regulating Artificial Intelligence Systems: Risks, Challenges, Competencies and Strategies, Harvard Journal of Law & Technology, 2016, 29.

议（ICAIL），提出了有关人工智能法律研究的重点议题，包括：法律推理的形式模型、论证和决策的计算模型、证据推理的计算模型、多智能体系统中的法律推理、自动化的法律文本分类和概括、自动提取法律数据库和文本中的信息、针对电子取证等法律应用的机器学习和数据挖掘、概念上的或者基于模型的法律信息检索、完成重复性法律任务的法律机器人、立法的可执行模型等。[1]为更好地促进人工智能发展，保障我国在新科技革命的进程中占领战略制高点，极有必要加快人工智能相关法律规定的修改完善，特别是加快制定专门的"人工智能发展法"（Artificial Intelligence Development Act）。将设定人工智能监管的目标与目的的任务分配给立法者，利用立法机关的正当性授权监管人工智能系统安全的专门机构，创设相对完整的人工智能责任体系。《人工智能发展法》立法目标包括：①坚持以人为本的首要原则，授权建立研究数据科学的"数据伦理委员会"，通过明确相关伦理准则，确保人类社会伦理道德关系不受破坏。②建立全流程监管体系，确保人工智能技术从研究到运用负面效应可控与确定行业准入制度、操作记录、技术安全规制标准。确定宽容审慎的监管原则，规范人工智能技术的健康发展。③明晰法律责任制度等，恰当地为人工智能技术发展调整法律规制。确定严格的大规模商用许可制度与强制责任保险制度，确保相关权益得到保障。④明确数据信息保护与隐私权保护，确保数据妥善运用与信息安全。⑤强化涉及人工智能发展的知识产权保护。注重人工智能创新成果的知识产权保护最大化，创设人工智能相关技术创新标准、专利保护体系与标准化支撑机制。建立国家层级的人工智能公共专利池，加速人工智能创新技术的成果商业转换速度与竞争优势。⑥加强国际合作。人工智能

---

[1] 腾讯研究院："法律人工智能十大趋势"，载 http://www.tisi.org/4942_58，访问日期：2018年9月19日。

的开发与应用往往是跨国界的活动，国际合作在解决人工智能的推广与应用管理中起重要作用。现阶段，需要加强重点领域的国际合作研究，尤其是人工智能异化和安全监管等共性问题研究，明确人工智能法律法规、伦理道德方面的国际合作原则，[①] 共同应对人工智能带来的挑战。此外，《人工智能发展法》还应该包含保留条款，确保法律生效前的人工智能项目的商业化不受追溯，以免引发混乱。

本章小结

同历史上任何一种超前技术的创造一样，人工智能的快速发展必然会带来社会领域的整体变革，任何阻挡科技进步的努力均会被历史证明为螳臂当车。[②] 对于人工智能法律地位的否定更多反映的是人类身份认同的焦虑。人工智能的发展是必然的，而对于人工智能发展的法律规制同样是必需的。目前，一些国家已着手制定规章制度防止人工智能落入法律真空，并促进其实现高效有序的可持续发展。美国国家科技委员会发布了《为人工智能的未来做好准备》的报告，从政策制定、技术监管、财政支持、全民教育、预防偏见等方面为人工智能发展提供准备和保障；日本公布了《下一代机器人安全问题指导方针（草案）》，用于调整人工智能技术的研发与应用；欧盟于2012年推出了《欧盟第七框架计划项目》，聚集各相关领域的专家学者，讨论并草拟机器人立法政策白皮书。人工智能能够享有法律权利并承担法律义务，为促进人工智能的发展，必须明确人工智能的法律人格。人工智能的本质是为人类发展服务的工具，即使人工智能拥有自我意志后，也无法改变其根本属

[①] 黄勇民等："从区际惯例到区际协定：对台渔工权益救济模式之法律定性——兼议两岸渔工协议实施的司法保障"，《中国海商法研究》2015年第3期。

[②] Wendell Wallach & Colin Allen, Moral Machine. Teaching Robots Right from Wrong, Oxford University Press, 2009.

性。必须承认人工智能的有限法律人格，建立责任分配为基础的侵权归责体系，按照"刺破人工智能面纱"原则追究实际责任主体，明确数据记录使用原则，建立强制责任保险体系以及对于人工智能发展的全流程监管体系。围绕中国抢占人工智能发展战略制高点的需要，积极推动人工智能发展法等相关立法的出台，明确有利于人工智能有限法律人格为实践提供导向与指引。

第三章

无人驾驶汽车等人工智能体的侵权及其责任分配

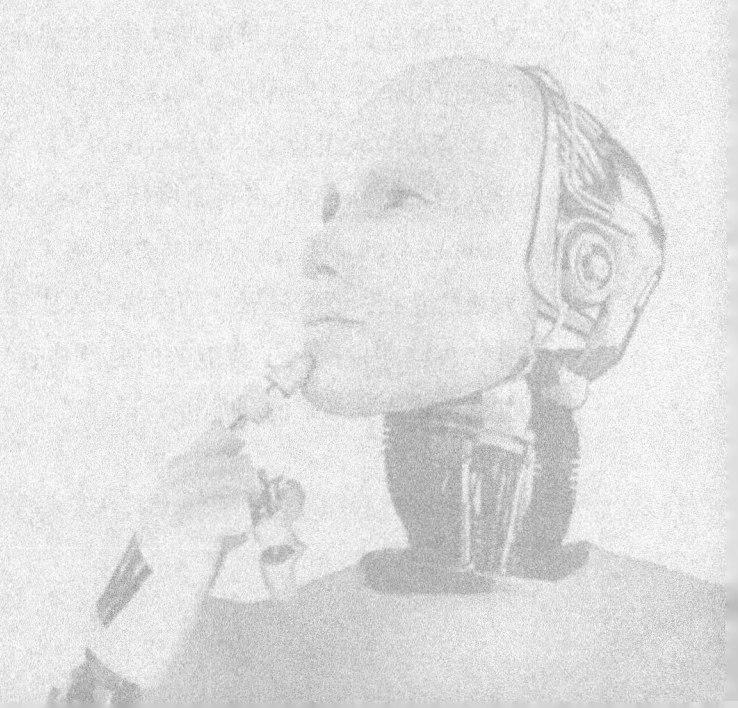

自机器人诞生以来，对于机器人可能统治地球的担忧就一直存在。为了避免机器人对人类可能的伤害，阿西莫夫（Isaac Asimov）提出了"机器人三大定律"：一是机器人不能伤害人类；二是机器人必须恪守人的命令，除非与第一条相冲突；三是机器人应当保护自己，除非与第一、第二条相冲突。阿西莫夫的逻辑是将机器人的行为按照人类的意愿排序，从而形成以人为优先机制的闭环。应当说阿西莫夫"机器人三大定律"为机器人时代的算法规制等应用提供了巨大的价值指引，但在人工智能时代，该"机器人三大定律"显然已无法覆盖繁杂的法律问题。在人工智能 2.0 及以后更为先进的人工智能版本诞生后，产生了显著的"算法黑箱"问题，即人工智能可能做出按照人类逻辑无法预料的行为，甚至出现人工智能引起的犯罪。最早对人工智能法律界可能产生重大影响的布鲁斯·布坎南（Bruce Buchanan）及托马斯·海德里克在 1970 年发表了《关于人工智能和法律推理若干问题的考察》一文，对人工智能以及法律推理研究做出框架性设想。此后，有关人工智能的法律应用研究不断深化。2017 年 1 月初，在美国加州阿西洛马市举行的"有益的人工智能"（Beneficial AI）会议上，以业界最负盛名的领导人物，如 Deep Mind 首席执行官 Demis Hassabis 和 Facebook AI 负责人 Yann Le Cun 等为首的全球共 2000 多人，包括 844 名人工智能和机器人领域的专家，联合签署"阿西洛马人工智能原则"，呼吁全世界的人工智能领域在发展人工智能的同时严格遵守三大类（共 23 项）原则，共同保障人类未来的利益和安全。[①]

[①] 张清、张蓉："论类型化人工智能法律责任体系的构建"，载《中国高校社会科学》2018 年第 4 期，第 160 页。

一、无人驾驶汽车等人工智能体侵权的原因探析

无人驾驶汽车等人工智能体不断发展，其为人类带来福祉的同时，也存在一些问题。如无人驾驶汽车在运行中的侵权事故问题。这些问题的发生及其制度上的规制，就成为无人驾驶汽车领域在制度设计上的核心问题。

（一）人工智能深度学习逻辑机制

根据伊恩·古德费洛与约书亚·本吉奥在《深度学习》一书中列明的观点，人工智能面临的真正挑战在于解决那些人类易于执行但很难形式化表述的任务，如识别图片或者语音。[①] 人类在处理图像或音节时，通过直觉就能够轻松辨识。为了有效提高人工智能对于类人化任务的处理能力，就必须使得计算机能够从经验中学习并根据层次化的概念体系以更好地理解世界，通过简单的概念逐渐引致深层次的概念，以实现深度学习的能力。[②]对于人类而言，抽象和形式化任务是极为困难的，但直观认识轻松容易，即使缺乏文化教育的健康自然人，也能轻松地分辨猫与狗的不同。但计算机则截然相反，虽然计算机早已可实现千倍于人脑的运算能力，但能够识别简单的图片已经是 21 世纪才出现的技术了。人工智能应用与发展的关键就在于如何将非公式化、非逻辑性的知识内容传递给计算机，并对此做出理解。深度学习能力被认为是人工智能能够模仿、实现和超越人类思维能力的重要能力，自 20 世纪 40 年代

---

① ［美］伊恩·古德费洛，［加］约书亚·本吉奥，亚伦·库维尔：《深度学习》，赵申剑等译，人民邮电出版社 2017 年版，第 1 页。
② "层次化的概念让计算机构建较简单的概念来学习复杂概念。如果绘制出表示这些概念如何建立在彼此之上的一幅图，我们将得到一张深层次很多的图。"参见［美］伊恩·古德费洛，［加］约书亚·本吉奥、亚伦·库维尔：《深度学习》，赵申剑等译，人民邮电出版社 2017 年版，第 1 页。

开始发展，历经控制论、联结主义的发展模式，方才形成今天的深度学习能力，通过综合利用线性代数、概率论、信息论等数学模型以及计算方法、应用驱动等科学理论，实现模仿人类思维的能力。

真正意义上的无人驾驶时代即将成为现实，但由于技术"黑箱"的客观存在，无论何种智能水平的无人驾驶汽车均可能产生侵权。由于全自动无人驾驶汽车无须人类驾驶人进行干预，其行为与结果间的因果关系将发生变化，责任承担将不同于传统机动车责任。结合无人驾驶技术研发、生产、监管、使用的实际，每个环节均需要清晰的责任体系规制并形成链式分配机制。研发者需要遵循人类世界的基本伦理，并对"负面清单"下的侵权承担严格责任，负有严格责任的生产者承担侵权的基础性责任，但存在免责条款，使用者必须承担恰当的义务，监管者对于市场准入、数据控制、事后处理负有监督责任。由强制责任保险与使用保险双轨并行，分别承担相应的赔偿责任并享有责任限制，由无人驾驶汽车发展基金承担无过错责任的补充义务。通过完整的责任分配机制，在促进无人驾驶行业发展与保护被侵权人利益间找到平衡。

表3-1　国际自动车工程师学会对于无人驾驶水平的等级分类表

SAE自动驾驶水平级别	自动化程度	自动化内容
Level 0	无自动化	驾驶员需完全掌控车辆
Level 1	驾驶辅助	行驶过程中系统有时能够辅助驾驶员处理部分驾驶操作任务，并期望驾驶员完成所有其他动态驾驶任务
Level 2	部分自动化	行驶过程中驾驶员持续监控周边环境和操作部分行驶任务时，自动系统能够实际操作完成其他部分的任务
Level 3	有条件自动化	在特定模式下由自动驾驶系统完成驾驶操作和监控行驶的周边环境，但期望驾驶员能及时响应系统请求并接管行驶控制权

续表

SAE 自动驾驶水平级别	自动化程度	自动化内容
Level 4	高度自动化	在特定情形下由自动驾驶系统完成驾驶操作和监控行驶的周边环境，驾驶员无须接管行驶控制权
Level 5	完全自动化	在全部时间、全部路况和环境条件下自动驾驶系统能够完成所有的驾驶操作任务

SAE 为国际自动车工程师学会的简称。标准 SAE J3016 为自动驾驶水平的分类（Axonomy and Defnitions for Terms Related to On-Road Motor Vehicle Automated Driving Systems）。

（二）现行法律体系无法有效解决无人驾驶汽车侵权

无人驾驶汽车直接与现行法律法规产生了冲突与矛盾。根据我国《道路交通安全法》（第 11 条、第 19 条）与《中华人民共和国道路运输条例》（第 9 条）的规定内容，机动车与驾驶人拥有道路通行权的前提是符合安全技术标准并持有驾驶许可证明，否则禁止上路。由此可以推断，符合标准的机动车与有权机关发放的驾驶证明是享有路权的必要性条件，驾驶人是承担交通违法行为的责任人。而无人驾驶汽车一旦实现无人操控的功能并完全脱离自然人的手动控制，究竟谁应当被认定为驾驶人？如果认为无人驾驶汽车依然是普通机动车，则类似无人驾驶汽车的强人工智能将无法被认定为具有法律人格，那么何种主体又应当承担交通事故等侵权责任呢？特斯拉公司量产的 Model S 型汽车已经具备了初级无人驾驶功能，在堵车场景已经可以摆脱驾驶人的操控而独立运行，而随着物联网与大数据的发展，该类无人驾驶汽车很可能受到计算机黑客或恐怖分子的恶意干扰与侵袭，并存在泄漏相关驾驶人、乘员等使用者私密信息的可能，如果出现因他人恶意干预而产生的交通事故或恐怖袭击，责任的承担又当如何规制？在现行法律体制下，犯罪主体需要根据责任大小承担相应责任，但若无人驾驶汽车的乘员无任何主观错误时，应当如何处罚？如果处罚乘员，无疑有违公序良俗和基本法律框架，如果处罚无人驾驶汽车，是否客观承认无人驾驶汽车具有人格，或由相应生产商、运营商等承担代理责任？无人驾驶汽车的法律规制直接反映了法律对于人工智能尤其是强人工智能应采取的立法态度。

包括现行《中华人民共和国刑法》（以下简称《刑法》）第133条在内的国内外刑法对于"交通肇事罪"的定义与量刑，规定满足交通肇事罪的要件为：一是主体为年满16周岁、具有刑事责任能力的自然人；二是侵犯的客体是交通运输安全；三是主观方面为过失，包括疏忽大意的过失与过于自信的过失；四是犯罪的客观方面是在交通运输活动中违反交通运输管理法规，因而发生重大事故，致人重伤、死亡或者使公私财产遭受重大损失。由于无人驾驶汽车缺乏传统意义上的驾驶人，因此，犯罪主体无法匹配，虽然无人驾驶汽车可以做出独立的意思表示，若法律无法给予无人驾驶汽车以人格，则其无法承担相应的法律责任。由此可以得出结论，无人驾驶汽车从犯罪要件的主体、主观方面、客观方面均无法满足"交通肇事罪"定罪量刑的要求。

即使采用扩大解释的方法试图将犯罪主体扩展至无人驾驶汽车，其依然无法满足因果关系的要求。根据刑法的基本理论，行为与结果之间需要而且必须存在直接的因果关系方可满足定罪的要求，但若无人驾驶汽车大规模投入使用，其行为的做出由人工智能决定，若发生了交通事故等侵权事件，原本应由驾驶人承担的行为缺位直接阻隔了行为与结果间的因果关系。为了更好地处理无人驾驶汽车等人工智能产品与现行法律法规的衔接，在处理侵权事件时，有以下几种模式可供参考。

1. 现行交通事故责任体制与严格产品责任制共同规制侵权责任

由于无人驾驶汽车是由生产厂商投入市场的特殊产品，因此具有产品责任。德国现行《道路交通法》立法接受了上述观点，同时，将无人驾驶汽车仍然认定为机动车，法律必须对机动车产生的交通事故责任产生的侵权做出规制。根据德国《道路交通法》的规定，无人驾驶汽车的驾驶人承担过错推定责任，而生产厂商承担严格产品责任——产品存在缺陷并且此缺陷与侵权间存在因果关系。我国现行交通事故责任认定机制与此相同，根据《中华人民共和国民法通则》（以下简称《民法通则》）[①]、《中华人民共和国侵权责任法》（以下简称《侵权责任法》）[②]、《道路交通安全法》[③]的相关规定，机动车造成的第三方损失由驾驶人承担过错推定责任，而能够证明机动车自身存在的缺陷与侵权事故存在因果关系的，产品责任人承担无过错责任。由于无人驾驶汽车在脱离自然人的驾驶行为而完全依靠算法进行自主驾驶行为时，其做出行为的依据由计算机软件做出。根据《中华人民共和国产品质量法》（以下简称《产品质量法》）第2条的规定，产品责任应当适用于产品，产品应当是"经过加工、制作，用于销售"的物品，因此计算机软件应当属于产品的范围。从与现行法律法规衔接的角度分析，现行交通事故责任体制与严格产品责任制共同规制无人驾驶侵权责任机制具备一定的可行性。

2. 代理模式或劳务派遣模式

由于无人驾驶车辆暂时并不具备法律人格，可以代理模式或劳务派遣模式暂时应对目前的侵权责任问题。在这种理论下，无人驾驶汽车被视为所有人的代理或拟制的雇员，所有人为责任的承担者以及劳动的派遣者，无人驾驶汽车的使用者则成为劳动的享用者，根据我国现行《侵权责任法》第34条的规定，"用人单位的工作人员因执行工作任务造成他人损害的，由用人单位承担侵权责任。劳务派遣期间，被派遣的工作人员因执行工作任务造成他人损害的，由接受劳务派遣的用工单位

---

① 参见《民法通则》第177条。
② 参见《侵权责任法》第11条、第12条、第42条、第43条。
③ 参见《道路交通安全法》第76条。

承担侵权责任；劳务派遣单位有过错的，承担相应的补充责任"。代理机制或劳务派遣机制的基础是权利义务的一致性，由于雇员为雇主付出劳动，其责任理应由雇主承担，当上述理论适用于无人驾驶汽车时，则由无人驾驶汽车的所有人或运营商承担侵权补充责任，由使用者承担直接责任。

3. 无人驾驶汽车适用高度危险责任模式

由于无人驾驶汽车可能带来交通事故等人员伤亡，并且这种致损是具有一定确定性的，因此如果将无人驾驶汽车的使用定义为高度危险的作业行为，则其可以适用《侵权责任法》的"高度危险"概括性条款，根据《侵权责任法》第9章第69条的规定，"从事高度危险作业造成他人损害的，应当承担侵权责任"，因此无人驾驶的使用者必须承担危险责任，而这一责任是无过错侵权责任，即不需要以无人驾驶车辆存在产品缺陷为前提。高度危险责任模式能够最大限度地保护受害方的利益，尽最大可能保障受害方找到可诉主体，但高度危险责任的承担主体能否为使用人，存在疑问。如果将无人驾驶车辆的使用人定义为"从事危险作业的人"，则其承担的责任即可能无限扩大，本应由生产商、销售商、运营商分散承担损失的机制无法建立，受害者取得足额赔偿的概率也会降低。即使高度危险作业存在限额，但如何规定限额数值并符合责任限定条件需要法律予以明确。同时，高度危险责任机制的长期负面影响加大了使用人责任，造成使用人可能不愿承担此种责任而不再偏向于使用无人驾驶汽车，根据经济学有关供需的基本规律，当需求减少时，生产厂商会不愿意将更多资源投入无人驾驶汽车等人工智能的发展，从而阻碍科技的发展。

4. 智能医疗机器人损害赔偿责任模式

由于智能机器人这一类高度智能化产品投入临床实践较早，学界对于智能手术机器人造成的医疗损害责任已有一定研究，本书将对医疗责任的现行模式予以考察,从而对无人驾驶汽车等强人工智能的侵权责任模式提供相应借鉴。自人类进入大数据时代以来,借助先进的超级计算机设备与规模算法,医疗产业得以呈几何倍数发展,例如,ATOMWISE公司在埃博拉病毒爆发仅四个月后就成功从近千万种后备化合物中寻找到抗体,而这是传统实验室需要几十年才能完成的工作量,智能医疗已经大幅提高人类抵御与治愈大规模疾病的概率。截至目前,智能医疗机器人已经在医学影像检测、靶向药物测试、辅助治疗、精密微创手术等方面实现较为广泛的应用,但是智能医疗机器人有其不可回避的缺陷,即其做出行为依靠的并非传统医师药师的经验性和临床实验,而是工程师设定的计算机运算规则与处理器自行计算,其中就蕴含着技术黑箱——即算法不受人类经验限制的现实威胁,计算机算法的运算结果可能超出设计预期。医疗智能机器人的现实发展同样面临着现行法律的衔接问题,当医疗智能机器人造成了侵权事故时,如何依据现有《侵权责任法》以及相关法律法规处理此类事件?医疗智能机器人的处理模式同样影响着人工智能同类侵权案件的应对机制,"智能医疗机器人借助蚁群算法应用、模糊集合应用、粒子群优化算法、人工神经网络等超级算法,辅之以数据挖掘、案例分析和语义描述模型。在自适应性和并行性方面已经具备自主决策和深度学习的能力,这使得智能医疗机器人具备了产生意识和心灵的基础,机器人能否经受住思维的图灵之问有可能在将来获得正面回应。"[1]

(1) 适用现行医疗损害赔偿责任。

目前,智能医疗机器人同无人驾驶汽车一样,暂未具备成为法律主体的条件,尚不具备独立的法律人格。目前对于智能医疗机器人的损害赔偿为《侵权责任法》规定的医疗损害责任,属于过错责任,根据该

---

[1] 贾章范、张建文:"智能医疗机器人侵权的归责进路与制度构建",载《长春理工大学学报(社会科学版)》,2018年第4期。

法第7章的规定,承担医疗损害赔偿责任应满足以下几个要件:一是存在违法的诊疗行为,二是患者有受到损害的结果;三是违法的诊疗行为与损害结果间存在因果关系;四是医疗机构或其人员存在过错。只有满足上述四个要件,医疗机构方才存在赔偿责任。而如上文所述,当具备自主决策能力的智能医疗机器人实施诊疗行为时,其行为与结果带有一定的不确定性,这将直接冲击现有的医疗侵权责任模式。由于医务人员使用的机器人做出的决定并非其个人做出,因此无法认定医疗人员存在违法行为,而如何认定医疗机构或其人员存在过错也是难以解决的难题,如果因为智能医疗机器人的过错而惩处医疗机构及其人员,造成的结果极有可能是医疗机构不再愿意使用可以带来生产力水平提高的人工智能。与此同时,如何明晰智能医疗机器人的自主行为与患者损害结果的因果关系也将颠覆现有理论,举证规则与免责条款将无法应用。

(2)适用产品责任机制。

在智能医疗机器人尚不具备法律人格的前提下,智能医疗机器人适用产品责任自然成为被侵权方一个现实的可能。目前,智能医疗机器人仍然是医疗机构及其人员的辅助性诊疗工具,其产生的非预期结果与生产者的责任有着较为清晰的联系。如果智能医疗机器人适用产品责任,可以使得被侵权方损害救济寻找到明确的靶向主体。根据我国现行的《侵权责任法》,生产者责任体系能够覆盖上述侵权责任,但是,智能医疗机器人由于算法黑箱与技术黑箱造成的自主行为后果,生产者在设计研发与投产测试时可能无法准确预估,如果适用无过错的产品责任,将极大地增加此类人工智能生产企业的投资意愿。根据我国《产品质量法》第41条对于产品责任的免责规定,未将产品投入流通的、产品投入流通时引起损害的缺陷尚不存在的、将产品投入流通时的科学技术水平尚不能发现缺陷的存在的,三种情况可以适用免责。人工智能体生产企业很可能由于后两种免责事由而逃避责任，因此从长远分析，单独的无过错产品责任将无法促进人工智能产业的发展。

（3）适用高度危险责任机制。

如前文所述，有观点提出将无人驾驶汽车等强人工智能适用高度危险责任机制，也有观点提出将智能医疗机器人适用《侵权责任法》第9章规定的"高度危险责任"，该种责任为无过错责任，可以全面地保护被侵权方利益。《侵权责任法》对高度危险责任适用了兜底方式，通过法律解释的方法确实可以将智能医疗机器人造成的侵权扩展适用高度危险责任机制。由于高度危险责任机制本身包含的侵权结果不可预知性，即使医疗机构及人员尽到了注意义务也仅仅能减轻损害赔偿责任，因此该种机制存在与产品责任机制相同的缺陷，即将责任风险强加于某一特定的主体，其背后更多蕴含的是人工智能技术发展与责任主体可诉性的宏观价值博弈。

通过对无人驾驶汽车与智能医疗机器人侵权损害赔偿责任模式的综合分析，单独适用损害赔偿责任、产品责任、高度危险责任模式，均无法平衡人工智能快速发展与保护被侵权方利益的宏观博弈，对于强人工智能损害赔偿模式特别是侵权责任的类型化讨论应当为人工智能的有效归责提供有效解决机制，下文将进行详细论述。

二、现行法律体系的困境

无人驾驶汽车作为一种社会发展的客观趋势，有必要从学理层面对其进行研究，并对其可能引发的现行法问题进行预判，并在此基础上寻求问题解决的路径。

（一）研究无人驾驶汽车侵权具有现实意义

人类已经进入无人驾驶时代，TESLA 汽车、沃尔沃汽车、小鹏汽车、威马汽车等具备一定无人驾驶功能的汽车已经实现量产，在特定条件下已经能够实现基本脱离人的干预。面对人工智能的迅猛发展态势，中共中央政治局在2018年10月31日就人工智能发展现状和趋势举行集体学习。习近平总书记在主持学习时强调，人工智能是新一轮科技革命和产业变革的重要驱动力量，加快发展新一代人工智能是事关我国能否抓住新一轮科技革命和产业变革机遇的战略问题。在新时代大环境的变化下，国家发展改革委发布了《智能汽车创新发展战略》的征求意见稿，要求加快推进无人驾驶汽车的发展。与传统汽车不同，无人驾驶汽车的最大不同在于实现了由计算机控制车辆的操控，在摆脱传统驾驶员操控的基础上实现由算法代替人脑决策实现驾驶行为的尖端科技。

当前，我国经济已由高速增长阶段转向高质量发展阶段，正处在转变发展方式、优化经济结构、转换增长动力的攻关期，迫切需要以无人驾驶技术为代表的新一代人工智能等重大创新添薪续力。必须深入把握无人驾驶技术等人工智能发展的特点，加强人工智能和产业发展融合，为我国的高质量发展提供新动能。但是，现行法律已经与无人驾驶汽车的快速发展产生了矛盾，无法有效应对新情况、新问题。例如，根据我国现行《道路交通安全法》的规定，取得驾驶证后才能驾驶机动车上路，但无人驾驶汽车已经实现无人操作，由谁承担驾驶责任？为了建设现代化经济体系，把握数字化、网络化、智能化融合发展契机，在质量变革、效率变革、动力变革中发挥人工智能作用，提高全要素生产率，必须做好法学研究的衔接配套，以实现法律对于科技发展的正向导向作用。通过体系完备、适当超前的法律规范，发挥人工智能在产业升级、产品开发、服务创新等方面的技术优势，以无人驾驶技术等人工智能技术的发展推动各产业变革，在中高端消费、创新引领、绿色低碳、共享经济、现代供应链、人力资本服务等领域培育新增长点、形成新动能。

无人驾驶汽车对于改善现行道路交通通行状况、减少人民生命财产安全损失具有现实意义，从保障和改善民生、为人民创造美好生活的现实出发，必须研究法律应如何推动人工智能产品在现实生活中的深度运用，为创造更加智能的工作方式和生活方式提供学理支持。但现行法律的衔接机制与现实应用，差距甚远。从无人驾驶汽车最可能涉及的侵权角度分析，现行有关责任的划分与承担机制已经明显无法满足现实的需要。在我国现行法律下，对于机动车造成的侵权责任认定为过错责任制与严格责任制结合的方式，驾驶人承担过错责任，所有人、生产商等主体承担无过错责任，也就是严格责任，但在无人驾驶的特殊情况下，如何认定"过错"，谁来承担"过错"，都是需要明确解决的棘手问题，以便在技术发展的同时适应社会治理的现实需要。

（二）现行法律体系无法处理无人驾驶汽车侵权问题

面对无人驾驶汽车的蓬勃发展，现行法律整体而言相对滞后。

1. 法律规范滞后于现实发展

按照我国《道路交通安全法》《侵权责任法》的规定，由于机动车在绝大多数情况下拥有自身相对优势，因此与行人、非机动车等主体比较，机动车在一般情况下承担较重的责任，即机动车对行人、非机动车适用无过错责任，而机动车与机动车之间的道路交通事故则适用过错责任。同时，如果机动车存在产品瑕疵，则机动车的生产者或销售者应当承担产品责任。而在无人驾驶汽车投入商用后，责任机制适用的情形发生了显性变化，无人驾驶汽车的启动、停止、加速、减速、规避等动作均由计算机根据现实情况加以计算做出，人类在驾驶行为中并没有起到主要作用，汽车已不再是传统汽车所拥有的工具型地位，而是思考行为、做出行为的主体，此种情形下仍由处于驾驶位的自然人承担过错责任显然失去公平。举例说明，如果自然人乘坐在传统汽车的驾驶位，其责任无法避免，但若使用的是无人驾驶汽车，该车可能连方向盘都没有设置，在此种情况下发生了碰撞等侵权事故，自然人连驾驶的指令与行为都没有做出过，如何承担注意义务与过错责任？从因果关系的角度分析，如果无人驾驶汽车等人工智能产品造成了侵权结果，其行为做出的依据是算法与数据，其因果关系又应当如何明确？

从国际层面的立法分析，西方部分国家已经采取有力立法措施以应对无人驾驶汽车等人工智能产品的快速应用，例如，德国《道路交通法》与英国相关保险规则就通过增加机动车强制保险保费与赔偿数额的办法以加大对于被侵权方的保护。但从更为深层次的角度分析，人工智能产品致损或侵权的问题更为复杂，需要从责任分担的整体体系着手做出调整。如果不能做出体系性的改变，仅仅靠保费的调整等技术性手段是无法应对无人驾驶汽车所覆盖的所有法律问题的，例如，保费的支付主体在新形势下是否仍由机动车所有人支付就是亟待解决的大量问题的一个缩影。

2. 闭环式责任框架机制可有效应对无人驾驶汽车侵权

现代法律体系的重要特征是明确的责任规制，涉及无人驾驶汽车等人工智能产品的侵权问题，必须从生产、销售、研发等各个角度着手解决侵权责任主体关于责任分担的问题。无人驾驶汽车侵权可能涉及的主体较多，至少保护研发者、生产者、销售者、驾驶者、保险人等多种主体，对于责任承担的划分应当依照何种依据，学界尚无定论。有学者提出，鉴于人工智能时代生产者所具有的特殊优势地位与雄厚财力资本，由生产者承担侵权责任并作为唯一责任主体。[1]笔者认为这种思路有失公允，责任承担的主体与比例划分涉及多项因素，但是现代经济学的主要作用就是在确保经济发展的同时促进科学技术的不断更新，反之亦

---

[1] 郑志峰："自动驾驶汽车的交通事故侵权责任"，载《法学》2018年第4期。

然。但是由生产者或其他单一主体承担侵权责任显然造成生产者的责任负担与责任预期过重,不利于企业投入更多的精力与资本用于技术研发,最终影响人工智能技术的发展与人类社会的整体进步。因此,由生产者单独承担侵权责任的思路显然欠缺经济现实规律的考量。

也有观点认为人工智能的侵权划分可以通过因果关系认定,决定不同主体间的责任比例。[1] 笔者认为上述观点同样存在硬伤,如前文所述,无人驾驶汽车造成的侵权事故因果关系极难认定,无人驾驶汽车的设计者只能预见计算机采取何种路径进行运算,而无法预料人工智能可能面临的所有问题,而人工智能往往可能形成算法黑箱,引发超出自然人思维范畴的结果,在此情形下,因果关系又应当如何认定?现实世界里对于每一个单独的人工智能体均采取相同的有力监管显然是不现实的,当侵权事件发生时,如何确定无人驾驶汽车是在什么环节、什么阶段出了何种问题也是需要较高的技术成本与时间成本探寻的,在此情形下,去探究每一起个案的因果关系的本质是否有其存在的必要?

笔者认为,就无人驾驶汽车等人工智能体而言,首先明确的是必须有责任主体为其侵权承担责任,保障被侵权人的合法权益;其次需要解决的是由何种主体在何种比例或程度上承担侵权责任。为了最大限度地契合现行法律责任体系,减少法律变更带来的经济社会成本上升,必须以最小的调整配合无人驾驶的实际应用,其中必须明确以下几个原则:一是现有侵权责任体系的基础性规定保持不变,减少立法成本;二是针对无人驾驶汽车等人工智能产品的现实特点做出调整,合理分配责任承担,生产者、销售者、研发者、使用者均因从各自所处的地位出发承担相应情形下的责任;三是责任分担必须能够形成闭环框架,确保无人驾驶汽车侵权责任的主体清晰、机制明确,妥善地保护被侵权人利益(见图3-1)。

---

[1] 张童:"人工智能产品致人损害民事责任研究",载《社会科学》2018年第4期。

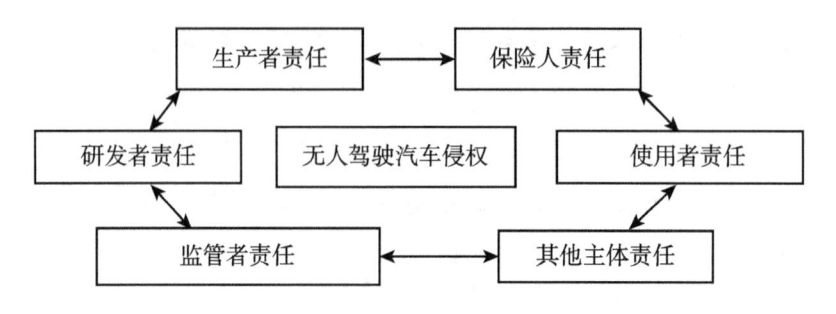

```
       ┌─────────────┐      ┌─────────────┐
       │  生产者责任  │◄────►│  保险人责任  │
       └─────────────┘      └─────────────┘
         ▲      ▲              ▲      ▲
         │      │              │      │
         ▼      ▼              ▼      ▼
┌─────────────┐  ┌───────────────┐  ┌─────────────┐
│  研发者责任  │  │ 无人驾驶汽车侵权│  │  使用者责任  │
└─────────────┘  └───────────────┘  └─────────────┘
         ▲                            ▲
         │                            │
         ▼                            ▼
       ┌─────────────┐      ┌─────────────┐
       │  监管者责任  │◄────►│ 其他主体责任 │
       └─────────────┘      └─────────────┘
```

图 3-1　无人驾驶汽车闭环式责任框架机制

三、无人驾驶汽车侵权产品责任分配机制

对于无人驾驶汽车的侵权责任分配问题，笔者主要从以下几个方面进行探讨。

（一）研发者责任

无人驾驶汽车的生产研发属于资金密集型与科技密集型产业，往往涉及上下游的多个企业与行业。例如，现阶段百度公司使用的无人驾驶汽车就是由中国第一汽车集团有限公司生产的，而人工智能产品一旦成功商用，能够带来的利益往往是巨大的。从研发的角度考量，如果责任机制缺位，将无法为无人驾驶汽车的设计研发提供正确的价值指引。因此，必须明确研发者的设计责任，采取动态评估、致损责任分配等有效方式解决其侵权责任预期的问题。

1. 以人为本的核心准则

在涉及无人驾驶侵权责任的文章中，一个著名的问题是"电车难题"，即当碰撞不可避免时，车辆应当选择撞击同样处于危险的一个人还是一群人？这个难题涉及极为复杂的哲学问题，对于该项问题的解读将直接涉及人类的价值导向。如果选择撞击一个人，那么是否承认一群人的生命利益要重于一个人的生命，那么是否个体生命存在可以衡量的价值？如果选择撞击一群人，那么是否可以认为当为了保护某个特定人的利益可以放弃一群人的生命？涉及无人驾驶的价值设定，该项内容将更为复杂。

如前文所述，著名科幻作家阿西莫夫在20世纪中叶就已经提出著名的"机器人三原则"，包括机器人不得伤害人类、必须服从人类命令、保护自身安全等具体内容。从"机器人三原则"的体系设定分析，机器人首先需要明确的是以人为先，尊重人类利益。根据欧盟、韩国、日本等国家与组织公布的有关人工智能开发的纲领性文件，大部分均对人工智能产品的开发做了顶层价值观限定，通过导向性的规定避免人工智能的研发向不可控的态势发展。特别是德国在2017年公布了自动驾驶的道德准则，对涉及驾驶的算法研发做了明确限定，具体包括道路安全重于效率、自然人个体保护优于其他考虑、人类利益优位等内容，为无人驾驶的算法逻辑规则提供了有益借鉴。

2. 特殊的严格责任机制

无人驾驶汽车等人工智能产品研发离不开算法的设计与运用，通过人工设定机动车可能遇到的不同情形，设置特定的逻辑机制以使无人驾驶汽车做出正确的驾驶行为与动作选择。现阶段技术界对于算法的态度往往采用开源的态度，即任何程序员均可以接触到算法的逻辑运算机理并加以研究，但无论何种智商程度的程序员均无法对任何算法的任何逻辑做出准确的预测，当出现算法黑箱的情形时，很难快速准确地查寻究竟是何种算法或机理在造成侵权事件时起到了作用。由于无人驾驶汽车具有的网络化和数据化特点，其采用的服务器、处理器、电子器械原件往往高度一致，当某部汽车出现程序问题时，往往是同一型号的所有无人驾驶汽车均会出现相应问题。因此，当侵权事件出现时，研发者应当承担一定的责任并承担相应的法律义务，通过逻辑机理、运算算法等研发内容的限制以减少侵权结果的不可期性。根据人类对于克隆技术研究与限制的经验分析，高科技的发展往往需要限制禁止开发的领域以保证技术发展的同时前进路径的正确性，例如，国际社会至今仍限制克隆自然人以及人类胚胎的行为。同理，对于无人驾驶汽车等人工智能产品的研发无法穷尽每种算法逻辑，但可以通过限制无人驾驶汽车研发的禁止领域明确责任的分担，如果无人驾驶汽车侵权的原因是由于研发者使用了禁止开发的逻辑或者内容，则由研发者承担相应责任。举例说明，目前人工智能撰写的文章已经大量刊发，但人工智能撰写的作品必须遵循特殊的撰写规制，例如，不得撰写反党反社会主义、种族歧视的观点，不得渲染鼓励暴力、黄赌毒等恶性情节，如果人工智能撰写了这种文章并造成了恶劣影响，该人工智能的研发者应当承担责任。涉及无人驾驶汽车的研发，同样需要明确算法逻辑的禁入领域，例如，不得在人种之间选择特定的撞击群体等，如果发现研发者适用了明显有违伦理的算法机制，必须追究研发者的相应责任。与此同时，人工智能产品的研发者负有必须保存研发过程的相关数据等强制性义务，如果违反了相应义务，同样应当承担严格责任。

（二）生产者责任

无人驾驶汽车等人工智能产品的生产者显然应当承担产品责任，此种责任在无人驾驶时代也依然存在。产品责任的内容规定在《产品质量法》《中华人民共和国消费者权益保护法》等多项法律法规中，产品责任是一种严格责任，受害者无须证明生产者存在过错依然可以要求生产者承担侵权责任，受害者在侵权案件中需要证明的是产品存在缺陷并导致了损害结果的发生。考虑到现行法律机制对于侵权责任的划分，生产者无疑承担着最大的责任分担。

1. 无人驾驶汽车的严格责任

美国交通部在 2017 年公布了新的《联邦机动车辆安全标准》，包括无人驾驶汽车生产的安全标准等，不符合标准的无人驾驶汽车不得投入市场。在英美法下，被侵权者需要证明生产者生产的产品存在缺陷是造成被侵权事实的原因，[1]笔者认为无人驾驶时代的生产者责任应当包括以下几个维度：一是生产过程数据强制记录原则。德国现行法律要求生产的无人驾驶汽车必须含有数据记录仪，[2]保证侵权责任因果关系的可溯源性。二是符合最为严格的产品安全标准，保护乘员与行人的人身安全。在生产的过程中，生产者应采取相应措施与有效机制保证产品的高合格率，尽最大可能减少瑕疵率，如前文所述，无人驾驶汽车由于应有的技术复杂，如果存在瑕疵很可能是同一款式类型的大批无人驾驶汽车存在同一问题，引发大量的侵权事件，因此，必须以最高规格的安全标准要求生产者提供安全可控的产品，如果生产者提供的无人驾驶汽车出现了硬件的缺陷，则由生产者承担严格责任。三是高度重视消费者数据权利。在人工智能时代，无人驾驶汽车等人工智能产品需要使用大量的数据以积累算法应用需要的原始资源，而互联网运算也需要消费者、使用者等众多主体的数据资源，在大数据时代，数据已经成为个人的权利，有关数据财产的理论也已经纳入民法的调整范围内。由于无人驾驶汽车需要使用消费者与使用者的数据特别是有关人身、住址、姓名等隐私数据，因此，生产者提供的无人驾驶汽车在使用时必须具备一定限度的数据保护与应用能力，当出现由于无人驾驶汽车泄露个人隐私数据而造成严重后果时，应由无人驾驶汽车的生产者承担严格责任。四是履行恰当地警告义务。国外生产的香烟往往要求在包装上印制肺癌、口腔癌患者的病例图片以减少香烟的销量，如果香烟生产商未履行此种警示义务将面临高额处罚。这种警告并没有改变生产者对于产品品质的要求，

---

[1] Kevin Funkhouser, Paving the Road Ahead: Autonomous Vehicles, Product Liability, and the Need for a New Approach, Utah Law Review, 2013, 1, p. 444.

[2] Julie Goodrich, Driving Miss Daisy: An Autonomous Chauffeur System, 51 Houston Law Review, 2013, 1, p. 289.

改变的是消费者预期。涉及无人驾驶汽车这一特殊产品，生产者同样存在着恰当警告义务，例如，无人驾驶汽车在行驶前应履行妥善告知义务，告知乘员在行驶过程中必须使用安全带、婴儿座椅等内容，如果因为无人驾驶汽车未履行上述义务，则生产者需要履行严格责任，但若生产者履行了上述警告义务，则使用者应承担相应的侵权事故责任。通过恰当的责任分配，使得使用者等其他主体基于违反义务的成本考量做出合理的行为与选择。涉及无人驾驶汽车生产者的警告义务标准，笔者认为还可与保费的变化相结合，覆盖侵权责任的成本。在海量数据时代，人工智能能够通过不同场景的模拟提供相应的警示义务并提高种类繁多的保险覆盖，当生产者履行了警告义务后，可以提供不同类型、档次的保险产品供消费者选择，从而覆盖可能的侵权责任。通过规定上述维度的生产者严格责任，促使生产者按照明确的导向投入资本进行人工智能技术的升级改造。

2. 产品缺陷的认定标准发生变化

有关产品责任承担机制的重要考量要素是产品缺陷的认定标准，即认定产品存在缺陷应当采用何种标准，根据我国《产品质量法》的规定，产品缺陷分为设计缺陷、制造缺陷、指示缺陷这三种，而普通法系一般采用"消费者期待"作为认定产品存在缺陷的标准，但这种期待显然具有主观色彩，在法律实践中较难认定并容易造成生产者责任的扩大化。在无人驾驶汽车特有的算法黑箱情形下，认定产品存在缺陷非常困难，如果采用"消费者期待"标准，即无人驾驶汽车的生产者应当提供符合安全条件的汽车但实际并未能够完全保护消费者的权益时，生产者就应承担严格责任，显然有失公平。由于无人驾驶汽车可以由多个生产厂商生产，笔者认为可以使用比对的方法明确无人驾驶汽车的缺陷标准，即发生侵权事故时，除依据常识可以判断的情形外，以另外厂商的相同价格区间的无人驾驶汽车所作出的相同或不同反应作为判断的标准，如果其他厂商生产的汽车在还原情形下做出了同样的应对措施，则判断无人驾驶汽车不存在产品缺陷，从而将产品不可控的可预见性风险变为可控的替代性设计风险，减少产品缺陷认定标准难以把握的风险。

3. 免责情形

作为投资无人驾驶汽车的最重要主体，如果生产者责任过重，则其诉讼负担与侵权责任承担显然会使得企业自然减少对于无人驾驶汽车技术的研发，从而减缓人工智能技术的发展。无人驾驶技术对于人类社会的进步无疑是正向的作用，根据摩根士丹利等大型研究机构的报告，在无人驾驶汽车大规模投入商用后，仅美国市场就可以因意外医疗事故与交通效率的提高而减少万亿美元以上的经济损失。从有效提高生产效率的经济学原理出发，有必要规定生产者的免责情形，从而给予生产者一定的侵权责任抗辩事由。

根据我国现行《产品质量法》第41条的规定，生产者在下列情形下无须承担赔偿责任：一是未将生产产品投入流通领域；二是产品投入流通领域时，尚无引发损害结果的缺陷存在；三是产品投入流通领域时的科学技术水平尚无法发现缺陷的，上述第三项抗辩又被称为"开发风险"抗辩。从生产实际分析，无人驾驶汽车的生产厂商在诉讼中最有可能引致的就是"开发风险"抗辩，由于无人驾驶汽车的生产技术水平是不断动态发展的，因此生产者证成开发风险较为容易。也有观点认为无人驾驶汽车适用开发风险抗辩存在一定的弊端，开发风险抗辩可能造成生产企业不愿意再投入资本进行无人驾驶技术的研发，以保证侵权风险产生时的抗辩事由成立。笔者认为，由于无人驾驶汽车具有的科技型与高经济附加值，在此类人工智能产品投入商用流通领域前，必须进行充分的风险效用测试，以此证明免责事由的成立标准。普通法系下适用风险效用测试，即如果出现生产的产品导致了侵权结果的发生概率超出了原本可以使用的另外一种合理设计成本的，则生产者应当承担责任。[1]举例说明，如果百度公司生产的无人驾驶汽车在相同成本下原本可以采用对于行人损失更小的 A 设备，却使用了对于行人不友好的 B 设备，在发生侵权事故时，百度公司仍然无法免责。通过适用风险效用测试，可以较为科学地促使生产者在不承担过重责任负担的前提下控制生产成本，最终促进技术水平的提高。

（三）销售者责任

根据我国现行《民法总则》第 120 条、《民法通则》第 122 条、《产品质量法》第 41 条的规定，被侵权者有权请求产品销售者承担法律责任。同时，当生产者与销售者之间构成非真正连带责任时，承担侵权责任的一方可向存在过错的一方追偿。笔者认为在无人驾驶汽车侵权闭环责任机制框架下，由于研发者、生产者、保险人等主体已经承担了主要责任，从销售者的实际地位而言，其仅承担现行侵权责任体系下的相应责任即可，而无须单独加重无人驾驶汽车销售者的责任分担。

（四）使用者责任

1. 使用者地位判定

与传统汽车相比，在无人驾驶汽车的使用上，乘员的地位是一样的，但必须要明确的首要问题是谁是驾驶人？在现行《道路交通安全法》等法律的规定下，机动车驾驶人由于负有注意义务等强制性义务承担着较大的责任，而在无人驾驶汽车大量研发后，部分概念车甚至取消了方向盘的设置。在实现了 L5 级别的自动驾驶技术后，除了进入乘

---

[1] Mark A. Geistfeld, A Roadmap for Autonomous Vehicles: State Tort Liability, Automobile Insurance, and Federal Safety Regulation, California Law Review, 2017, 6, p. 1647.

车及下车外，人类完全脱离了车辆行驶的操控，在此种情形下，如果无人驾驶汽车依靠的人工智能系统由于计算失误造成了侵权，将过失责任强加于乘员显然有失偏颇。根据美国内华达州颁布的《第511号组装法案》第3款的规定，无人驾驶汽车的驾驶人是发动汽车的人，但笔者认为该立法适用于L4级别及以下水平的无人驾驶汽车是恰当的，但其无法解决L5级别的无人驾驶汽车驾驶人的认定与责任承担问题。从提高交通通行效率与保护人类生命财产安全利益的角度判断，L5级别的无人驾驶汽车投入大规模商用将是历史前进的必然，因此，从解决责任划分的实际出发，当驾驶人的概念逐渐消失后，必须明确无人驾驶汽车的使用者责任。无人驾驶汽车特别是L5级别的无人驾驶汽车的乘员应当作为使用人，由使用人承担相应的义务，例如，使用人在无人驾驶汽车发生侵权事故后应当妥善保护现场，发生人员伤亡事故时不得命令汽车擅自逃逸等。

2. 义务内容的改变

由于驾驶人与使用人的含义在进入真正意义上的无人驾驶时代后已经发生了改变，但并非无人驾驶汽车的使用人就不存在任何义务了。笔者认为，即使L5级别的无人驾驶汽车成为现实，使用人仍负有注意义务，只是义务的具体情形发生了变化。从现有智能手机、智能手表等操作终端以及特斯拉公司对于MODELS等具有自动驾驶功能车型的实际升级操作过程分析，无人驾驶汽车的使用者至少包括恰当升级固件、注意系统升级提示等注意义务，但这种义务已经不同于传统汽车驾驶员对于驾驶行为的注意义务，若使用者没有按照无人驾驶汽车的提示履行恰当地注意义务，则被侵权人可以要求使用者承担过错责任。由于无人驾驶汽车侵权责任闭环机制的存在，无人驾驶汽车的使用人可以依靠保险的赔偿覆盖绝大多数情形下的侵权责任，实际使用无人驾驶汽车并不会造成过多的负担预期，从而促进无人驾驶汽车的大规模使用与发展。

如前文所述，数据在无人驾驶时代是宝贵的财富，使用者为了使用无人驾驶汽车，必然需要设计使用部分数据甚至是隐私数据，如在进行目的地设定时需要设定具体地址，在进行保费缴纳时需要透露身份证号等识别信息。由于无人驾驶汽车使用自然人数据无可避免，同时根据欧盟《一般数据保护条例》等已生效的立法规定分析，个人数据的保护与流动应该是自由的，因此无人驾驶汽车的生产者或运营商在履行恰当注意义务后，有权要求有偿或无偿获得与使用自然人的部分数据，而使用者也应当同意让渡该数据权利。

（五）监管者责任

从目前对于无人驾驶汽车的投入与呼吁来看，政府主管机关对于行业的发展无疑起到了重要作用。从功利主义的角度分析，无人驾驶汽车对于政府的精细化管理与减少应急救援的负担能够起到巨大的推动作用，因此主管机关对于无人驾驶汽车的发展无疑持支持与鼓励态度。在以往涉及无人驾驶汽车侵权责任的分析文章中，往往重视生产者、保险人的责任，而往往忽视了政府主管机关作为监管者的重要责任。从无人驾驶汽车投入商用需要的上下游链条分析，政府主管机关也应占有重要的地位。现代无人驾驶汽车需要的是系统性工程的配合，从互联网专用通信网络的架设、智慧道路的修建与管理、生产厂商的准入机制、道路安全法规的应用执法等多方面分析，均无法在监管者缺位的情况下完成。因此，监管者除了履行监管义务外，应对无人驾驶汽车侵权责任体系的建立与适用担负相应义务。

1. 建立无人驾驶汽车准入标准

鉴于目前真正处于 L5 阶段的无人驾驶汽车产品尚处于零星研发阶段，对于真正意义上的无人驾驶汽车目前各国尚无通用的成形强制性标准，美国《自动驾驶法案》属于对无人驾驶汽车生产者较早进行立法规制的法律条文，但仅仅明确了生产研发环节所需的安全标准，对于商用后涉及的大量标准型规定仍然涉及较少。政府主管机关等监管者必须建立恰当充分的监管程序，通过明确技术标准、准入机制、配套措施等一系列标准性法律法规，建立无人驾驶汽车生产、销售、应用、承保的准入性门槛，确保无人驾驶汽车上路行驶后的高安全性与小致损性。笔者认为，监管标准首先要从无人驾驶汽车投入市场的标准出发着手制定，无人驾驶汽车在投入商用前必须证明自己具有应对各种突发事件与日常事件的能力，并能通过强制安全检测。其次是该标准必须显著高于传统类型机动车，无人驾驶汽车投入大规模使用的目的就是为了替代传统机动车引发的大量损害，如果无人驾驶汽车在事故率、稳定性与出险率等关键性指标上高于传统机动车，则此类无人驾驶汽车根本无投入市场的必要，监管者必须树立准入的强制性标准以减少市场无序且无意义的竞争。再次，监管者应当明确无人驾驶汽车等特殊人工智能产品生产企业的规模标准，在无人驾驶汽车侵权责任闭环机制下的无人驾驶汽车生产者担负着严格的产品责任。为了确保被侵权人能够妥善取得救济，生产者必须满足一定的责任能力，因此，无人驾驶汽车的生产者必须具备一定的经济实力与责任能力基础，监管者应对此做出明确的要求，可以采取类似诸如保险公司、商业银行设立的标准，要求无人驾驶汽车的生产者或控股企业达到一定的规模条件，以覆盖可能的侵权成本。最后，监管者可以根据无人驾驶汽车类型的不同，设立强制性的登记公示机制，任何无人驾驶汽车在路试、商用、召回等环节项目上都必须进行实质审查，通过监管机构的公信力增强使用者对于无人驾驶汽车产品的信心与依赖度，促进无人驾驶汽车及上下游行业的有序发展。

2. 数据强制记录监管

无人驾驶时代，数据是宝贵财富，也是确定侵权责任的重要鉴定标准，无论是无人驾驶汽车的研发、生产、销售、使用还是保险的承保、理赔，均需要使用大量且连贯的数据。以无人驾驶汽车的上路行驶为例，同传统机动车使用的记录影像音频资料的行车记录仪相比，无人驾驶汽车应当在使用中记录汽车的行车轨迹、往来车辆与路面信息的变化，零部件及油电量的幅度，运行规避动作的计算，乘客指令的变化，上下行网络传输情况等大量的数据，以便在发生侵权时能够妥善依靠完整的数据链确定是何种主体的侵权责任。为了减少数据被篡改、丢弃、删除的可能性，监管者应当通过明确数据强制记录的原则，要求无人驾驶汽车侵权责任闭环机制下的各种主体强制性记录相关数据，同时明确恶意篡改数据与故意删除、无意丢失数据下的义务承担，通过建立完整的数据监管体系确保数据的留存与善意使用。特别是在私有资本高度发达的现代社会，私人公司的资金实力与科研能力很可能显著高于监管者，例如，埃隆马斯克的 X-Space 公司能够生产可回收式火箭，这种能力已经远远超出了地球上的绝大多数国家的科研能力，在此情形下，监管者在无人驾驶汽车等特殊人工智能产品的生产应用上的同期监管能力很可能无法检测出潜在的产品缺陷，但通过数据强制记录的原则，监管者能够在事后较为容易便捷地通过数据分析反向查找到侵权事件的真正原因，以便追寻责任主体。

3. 无过错侵权责任赔付

无人驾驶汽车依然无法回避侵权事件的发生，即使明确了车辆准入、数据强制记录等监管原则，无人驾驶汽车依然会发生事故。但是，无人驾驶汽车又是具有强大社会利益与经济利益的产品，能够有效提高人类社会的社会生产力水平并保证民众生命财产安全。从这个角度分析，无人驾驶汽车的存在意义与疫苗的存在意义类似。疫苗对于减少传染类、遗传类疾病的发生，提高人类的人均寿命起到了至关重要的作用，但大规模生产的商用疫苗无论怎样进行药理与临床测试，在实践中依然会有一定的微量概率致使接种人伤残或者死亡。而人类为了有效地减少疾病发生，在明知可能存在致残致损风险的情况下，又不得不大规模接种不同类型的疫苗。为了有效应对上述窘境，美国《儿童疫苗伤害法案》建立了无过错赔付责任机制，凡是经过美国食药监局批准的疫苗经过接种后产生了副作用，使用者在提出诉讼后无须证明产品缺陷即可获得赔偿。需要注意的是，美国食药监局会对疫苗接种可能产生的不良反应做提前的列举性说明，如果使用者在接种后出现了上述说明中包含的症状，则可无条件获得赔付，如果并非上述说明包含的症状，则使用者应当证明接种疫苗的行为与出现的损害间应当存在因果关系，以减少疫苗生产企业无限责任的风险。无人驾驶汽车作为与疫苗类似的特殊产品，监管者同样可以为其建立并适用无过错侵权责任赔付机制。当出现无人驾驶汽车致人身财产安全受损的情况下，无人驾驶汽车生产者等责任主体应当在监管者列明的责任范围内承担无过错赔付责任，但当出现不属于监管者列明的侵权情形时，无人驾驶汽车责任主体可以要求被侵权方证明因果关系。例如，当一个人从桥面跳桥自杀，正好跌落在行驶的无人驾驶汽车上并死亡，在此情形下，无人驾驶汽车无法也不可能预料到此种意外事件的发生，无人驾驶汽车的相关方为此承担责任显失公平。无人驾驶汽车的监管者应通过列举明确的责任范围，确保无过错侵权赔付机制的建立与运行。

（六）保险责任

保险历来在机动车发展的历程中起到重要的作用，目前传统机动车保险一般有生产者责任险、销售者责任险、机动车强制责任保险、商业保险等种类繁多的保险品种，但是无人驾驶汽车的投入使用将对传统机动车保险行业带来巨大的冲击。首当其冲的是事故与突发事件的大量减少。①如果按照现行保费收取与支付的模式，保险的赔付将大为减少，最终影响到保费的收取与保险公司的利益，很可能出现保险公司不愿承保的情况。德国《道路交通法第八修正案》已经将无人驾驶汽车止损的赔偿限额提高至1000万欧元，如果按照此种模式执行保险赔付义务而保费的收费率又无法提高，显然保险公司将不愿意承担此义务。

为了有效应对上述困境，笔者建议在无人驾驶汽车侵权责任闭环机制下，结合无人驾驶汽车的实际特点，调整相应保险模式。首先，对于无人驾驶汽车这一特殊人工智能产品的研发、生产、销售、使用、监管等环节均应投保责任保险，由这一强制保险覆盖基本风险；其次，对于各个主体所处的不同地位，设置相应的保险产品以覆盖侵权成本；再次，无人驾驶汽车侵权事件中的被侵权人可以直接向强制责任保险人提出赔偿请求，而保险人在履行义务后可以向相关责任主体进行追偿；最后，结合无人驾驶汽车使用的实际情况，其保费的计算与保险的理赔极大可能依据的是不同使用情形的微观情况，例如，乘员在使用无人驾驶汽车时可以选择两条风险程度不同的路线，无人驾驶汽车在行驶前需要履行妥善的警告义务并提供不同价格的保险产品供使用者选择，如果发生了侵权事件，保险人根据保险产品的不同承担相应的赔偿责任。人工智能技术是人类科技发展的最高结晶，通过实时高速的计算机网络与运算能力，保险人在无人驾驶时代可以更为便捷地通过数据记录掌握事件经过、受损情况与判定责任划分，从而提高保险行业的整体效率。

---

① 根据世界卫生组织的统计，中国每年因交通事故死亡的人数接近30万人，其中90%的事故因人为因素导致。如果无人驾驶成功投入大规模商用，人类驾驶员受醉酒驾驶、疲劳驾驶、意识冲动、恶劣天气等干扰因素的影响将不再成为无人驾驶时代交通事故的成因。沃尔沃公司首席执行官哈坎·萨缪尔森预测到2020年，因无人驾驶汽车的普及而导致保险公司保费收入的减少将达到200亿美元的规模。

本章小结

在生产力得到充分发挥后，人工智能技术的科技水平上升到一个新的高度。人工智能技术的发展也为当代中国的发展提供了弯道超车的机会，在无人驾驶汽车时代到来之际，中国应当为人工智能的发展与应用制定标准并引领未来的发展，通过抢占先机摆脱以往拾人牙慧的尴尬境地。无人驾驶汽车等特殊人工智能产品需要一个可以预测的侵权责任机制，在尽量减少对于现行责任框架机制模式的冲击下，结合无人驾驶汽车行业的发展，对侵权责任机制做出相应调整，妥善解决无人驾驶汽车等特殊人工智能产品的侵权责任问题。

第四章

人工智能产品著作权的归属

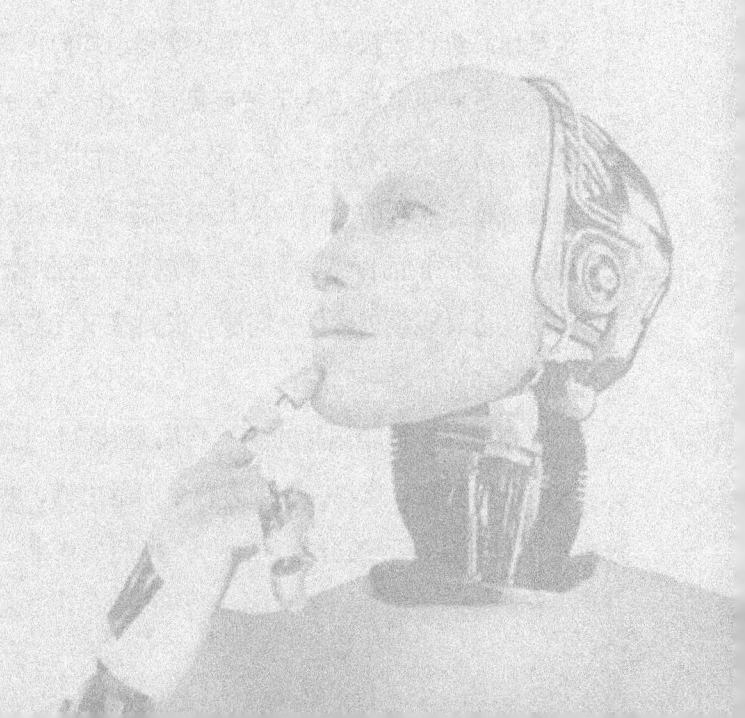

2015年，索尼公司旗下的人工智能品牌FLOW MACHINE通过大数据分析，根据各地区不同编曲的特点，成功自主谱写了两首通俗歌曲，直接对知识产权独创性的特性造成了冲击。2018年年初，能够自主独立撰写新闻稿的咨询号已经并不鲜见，有报道称山东农村组织留守妇女通过运营计算机自主撰写的热点网文补贴家用，而美国图片社等大批传统媒体已经开始大幅裁剪传统摄影师的编制，而通过计算机与网络搜集新闻图片并自动匹配相应说明。自人工智能创作物横空出世以来，其产权归属问题，作为一个新兴的话题，已然对现行的法律产生了不小的影响或称冲击力！它亦构成了人工智能法律问题研究中的一个重要环节。当人工智能已然发展到可以创作小说、诗歌和新闻的时候，这些作品的著作权应该如何认定？我们可以从三个方面对这个问题进行深入探讨。一是，我们是否需要对这些作品进行产权保护？二是，我们应当如何对这些作品进行产权保护？三是从学理上如何审视？

这些问题牵涉"人工智能创作"作品本身的属性问题。我们究竟该如何对"人工智能作品"定性？后者则牵涉现行著作权法的适用性问题。依据现行的《中华人民共和国著作权法》（以下简称《著作权法》），受保护的作品基本都需要满足"独创性"的要求。要回答这些作品是否具有独创性这个问题，反过来又无法回避"人工智能创作物"的内涵和实质这一问题。

先说人工智能作品的实质到底是什么？它依托"人工智能"本身的存在而存在。所以，要揭开这个问题之谜，我们可能不得不回到前面对"人工自身"的分析。在此，我们试图将"人工智能创作物"的

"本体"定位进行两类划分：一类观点认为，"人工智能创作物"究其根本，就是机器控制产生的。第二类观点则认为，"知识的表示"甚至于更高阶段的"深度学习"，引发了"人工智能创作物"的新发展，从而才使"人工智能创作物"诞生。不难看出，第一类定性的依据，我们可以从"人工智能之父"阿兰·图灵针对"图灵机"所提出的"智能标准"及麦卡锡给予"人工智能"的定义中找到明显的痕迹。"人工智能"的发明创造，本身就是以"人类"为中心的。那么，人工智能自其诞生时起，就被赋予了"工具"属性。

而第二类划分的依据，则更多以"人工智能创作物"产生时间作为判定依据。稍微细心的读者不难看出，"人工智能创作物"产生时间均为2010年以后，或者更准确地说，应该是这几年，均为"第三次人工智能浪潮"期间。

在本体论研究的基础上，再看"人工智能创作物"的版权归属问题。相关的一些问题或称困惑，貌似可以找到相对合理的解决路径。如果我们按照第一类定性去探究"人工智能创作物"的版权归属问题，那么我们就无法视其"工具"属性不顾。"人工智能"工具属性赋予"人工智能创作物"的法律地位，必然是具有依附性的，没有独立的法律人格。这种"人工智能创作物"仅具有一定的法律人格，或称不完备法律人格。这种人格是有限的，并非完备意义上的法律人格。在这种情况下，我们自然无法按照现行的"版权法"或说"著作权法"对"人工智能"作品进行相应的"著作权"保护。然而，如果我们将"人工智能创作物"视为"一台（会深度学习）的计算机""创作"出来的产物，那么法律上对其"著作权"的判定自然会产生不一样的结论。在"人工智能"高速发展的今天，法律到底该如何应对这些由于"人工智能"的发展而新兴的事物？这其中也涉及我们如何看待"人工智能"与人类自身的关系。

随着"人工智能创作物"数量的不断增加，未来，我们不仅有各式各样的传统意义上的作品存在，也许经常会有一些"人工智能创作物""混迹"于其中。我们究竟该"如何看待人工智能创作物"的版权归属问题，"人工智能创作物"的出现仅是"人工智能"发展过程中所产生的新事物之一，相较于人工智能研发产生的智能代理（即为在特定环境下可以感知并行动的各种系统）来说，其影响力可能甚微。但这涉及人工智能不断发展过程当中，所产生的对现行法律、社会的改变。我们每一个法律人对"人工智能"发展所带来的深刻的社会变革，都应该做出积极思考。

一、人工智能体（著作作品）的归属权之争

人工智能创作的作品的权利归属问题，已经成为学界热议的话题。学界仁者见仁，智者见智。

（一）当吟诗作赋的特权不再属于人类？

今天，人工智能正在以一种前所未有的势头全力"进化"。计算机也变得越来越聪明了。它们不仅拥有了超高速的运算能力、超准确的"搜索＋推理"能力，甚至还会吟诗作赋了！当被称为"人工智能创作物"的作品产生时，应该立法进行保护吗？人类应该为此而陷入恐慌吗？

这个世界每天都在高速运转！人工智能更是在超高速的运转着。人类刚刚适应了从自动驾驶技术（人工智能驾驶技术）到无人机的巨大挑战；稍稍平复了因 AlphaGo 所向披靡、横扫围棋界高手所遭受的心灵创伤。新的挑战又一次摆在了人类面前。人工智能居然会吟诗作赋了！人类因此而震惊！为何？

答案就在于，文学艺术作品自古以来就一直被认为是人类所特有的精神活动的产物，其中蕴含着人类所特有的"想象力"。吟诗作赋是一项"创造性"的工作。与下棋相比，它所需要的不是一种明确规则（其中包含了运算与归纳），而是一种创造力。如果说 AlphaGo 在围棋界的"行为"，我们可以将之归纳为支撑运行的行动过程的规划，那么，人工智能的吟诗作赋，对于人类来说，又意味着什么呢？

在思考这个问题之前，我们先来探讨另外一个问题。人工智能是如何"吟诗作赋"的？如果我们将"会吟诗作赋的人工智能"视为人工智能产品的一类，我们又应当如何将其分类呢？

要回答这一问题，我们首先来看看人工智能产品的大致分类吧！诚如我们所见，当我们向智能社会飞速发展、迈进时，各式各样的智能产品应运而生。有研究者[1]将这些智能产品，划分成以下几个类别：①搭载了简单控制程序的人工智能产品。此类产品分布在市面上目前流行的智能空调、智能洗衣机、智能电动剃须刀等。这类技术源于"控制工程学"，如今已被广泛地适用于人类生活。其核心，在于控制程序的植入，即拥有某一相应、固定控制规则。机器只需按照这些规则去操作即可。②其行为依托于输入与输出之间的关联方式（其中包括数目极大的组合数目）这一行为的依据包括引入基本的信息，一些运用的法则及相应知识及规则的输入，最终机器会根据输入的基本信息、一些规则及相应的知识，进行规则的排列、组合，从而得出一个最终结果。

我们可以将 AlphaGo 视为这种智能产品的典型代表。①引入机器学习的人工智能。这类智能产品往往是基于大数据进行自动判断的人工智能。其核心在于以样本数据为基础，对规则和知识的再学习。②引入深度学习的人工智能。作为人工智能的最高级别，其核心在于能够对机器

---

[1] 日本人工智能研究者松尾丰在其名为《人工智能狂潮：机器人会超越人类吗？》的著作中，对此进行了详细的阐释。

学习时的数据表示所用变量（一般称之为"特征量"）本身进行学习的人工智能。目前，其相关领域的竞争，在美国、日本等国家已呈现出白热化的状态。它们分别依次与"第一次人工智能发展时期的机器推理、搜索能力""第二次人工智能发展时期的知识表示"及"第三次人工智能浪潮中的机器学习"有着紧密联系。其对应关系，具体呈现如下：第一种产品对应机器推理、搜索能力；第二类产品对应机器的知识表示；第三、四类产品对应"正在迅速崛起的机器学习"。

如此看来，人工智能作品的诞生自然与"机器学习"有着天然的姻缘关系。此话怎讲？要解开这个问题的谜团，就让我们走近"小冰"深入了解一下其"人"其"作"吧！

（二）"中国制造"诗情画意的"小冰"

自 2016 年以来，除 AlphaGo 火了之外，还有一个叫"小冰"的人工智能也火了。"小冰是谁？""它为何火了起来？"密码就藏在微软中国里。

微软全球执行副总裁、微软人工智能及微软研究事业部负责人沈向洋，微软公司总裁施博德在《计算未来：人工智能及其社会角色》一书中，详尽阐述了微软"小冰"在中国诞生、成长的过程，称其"凝聚了中国本土智慧"[1]，书中甚至将微软"小冰"上升到了"逐步向 EQ 情感智能方向发展的完整人工智能体系"[2] 的高度，予以赞誉。

微软"小冰"是在中国土生土长起来的人工智能技术。其发展换代大致可以分为以下几个阶段：2014 年，位于北京的微软（亚洲）互联网工程院研发出了初代小冰。微软小冰可在多个社交平台上与人类对

---

[1] 沈向洋、〔美〕施博德编著：《计算未来：人工智能及其社会角色》，北京大学出版社 2018 年版，第 1 页。

[2] 沈向洋、〔美〕施博德编著：《计算未来：人工智能及其社会角色》，北京大学出版社 2018 年版，第 1 页。

话。在情感计算框架基础上，通过人工智能算法、云计算和大数据的综合运用，采用代际升级的方式，"小冰"逐步升级发展为完整的人工智能体系。

2017年5月，微软小冰推出了诗集《阳光失了玻璃窗》，"这部人类历史上第一部100%由人工智能创作的诗集"是"微软小冰从1920年以来的519位中国现代诗人的作品中学习，经过超过1万次的迭代学习，逐渐形成了自己风格的诗作"。未来，该何去何从？提及这个话题，定是因为"人工智能创作物"其作其诗已经发展趋于成熟，给人类所创作的诗歌产生了一定的冲击，才会让人如此焦虑。那么"人工智能创作物"到底如何？我们不妨拿来两篇进行分析一下。

目前具有重要影响力的"人工智能创作物"当数来自中国的"小冰"诗作与来自日本的"星新一作品"。既然"小冰"是中国制造，而"小冰诗作"又是在通过对519位中国现代诗人的上千首诗歌，经过1万次迭代学习幻化而成，在此就拿小冰诗作进行分析吧！尽管，作为诗集的《阳光失了玻璃窗》，其出版信息"近乎完美"！在这本有国家统一标准书号的诗集上，赫然印着作者：小冰。甚至于书中的推荐语，倾力向读者推荐了这本难得的诗集：称它为——"人类史上首部人工智能灵思诗集"，"跟随'少女诗人''萌妹子'——微软小冰，走进诗的唯美世界"，"微软全球执行副总裁，美国国家工程院外籍院士沈向洋博士倾情作序推荐"！"师从中国519位现代诗人，经过6000分钟、10000次的迭代学习，至今创作70928首现代诗，从中精心挑选139首"，"精心排放每一张美图，特种纸全彩印刷，力图将最美的诗集呈现给每一位读者"！

然而，当读者打开这本诗集，映入我们眼帘的诗歌究竟是怎样的呢？下面，就让我们一睹其芳容吧！

微明的灯影里/我知道她的可爱的土壤/是我的心灵成为俘虏了/

我不在我的世界里/街上没有一只灯儿舞了/是最可爱的/你睁开眼睛做起的梦/是你的声音啊

——《是你的声音啊》

看似满是诗意的诗歌，却经不起推敲！尤其是诗中的"可爱的土壤""灯儿舞"两处词语及"我知道她的可爱的土壤"一处句子的表达，明显犯了最基本的逻辑错误，让人不由得觉得语无伦次，不知所云。

这种蹩脚的翻译，让人不由联想到了自"人工智能"问世发展以来，存在的难以攻克的课题之一：机器翻译。

虽然自"统计自然语言处理"出现之后，在机器翻译的性能上，其答复得到了的提升，但其翻译仍然是不尽人意的。其原因很简单，就是翻译的准确性，不仅仅依靠输入信息的多与少，更多的还有人类自身不断发展形成的经验及随处可见的文化积累，共同作用于人的语言表达。所以，一台机器无论再怎么发展，其在翻译上的能力仍是有限的或说低于普通人的。

乃至于，到了"人工智能创作物"已然产生的今天，诚如大家所闻所见，依托计算机或称"人工智能"根据1万次迭代学习、练就了的写作能力，其理解能力仍然是差强人意的。何来"创作"之说呢？

现在我们来看一下构成"版权"的几个必备要素。受我国现行《著作权法》保护的作品需要满足的要件包括：一是具有独创性；二是能以某种有形形式复制的智力成果；三是其范畴包括文学、艺术和科学领域。

由此，我们应该不难得出结论，即：以小冰为代表的"人工智能创作者"应当与现行《著作权法》及《中华人民共和国著作权法实施条例》（以下简称《著作权法实施条例》）中所保护的对象，是全然无关的。

如此看来，通过上文的阐述，"'人工智能创作物'究竟还要不要立法保护"这个问题，现在似乎就只剩下一个疑问，即：我们该怎样保护"人工智能创作物"的相关"权利"？

由此可见，其"人"是在中国土生土长的人工智能技术，其"作"是通过迭代学习产生的诗作。所以，我们姑且暂时将微软小冰的诗作置于第三类人工智能作品中来看待，即为：引入"机器学习"的人工智能。其产生与发展是在不断积累的基础技术与不断增加的海量数据基础上完成的。

无独有偶，近年来，日本、美国也都纷纷出现了"人工智能创作物"。其中，与小冰比较接近者，当属日本的"利用人工智能（AI）创作作品"。据权威媒体报道：日本的人工智能不但可以撰写小说，甚至其作品参加并且通过了文学奖首轮评审，虽然并未最终胜出。

据韩国《中央日报》2016年3月22日报道，由日本公立函馆未来大学负责推进的"利用人工智能（AI）创作小说"研发项目报告会21日在东京召开。其中，人工智能创作的短篇小说通过了日本文学奖初审。据了解，2015年秋天人工智能创作的4部作品参加了"星新一文学奖"的评选，并通过了日本文学奖第一次评审，但作品最终并未获奖。这种能够进行小说创作的人工智能是由日本名古屋大学教授佐藤理史研发出来的。[1]

无论是小冰的横空出世，还是人工智能创作小说的诞生，都揭示出伴随着人工智能算法的不断提升、云计算以及大数据时代的到来。人工智能不断迭代"进化"，已然将触角伸向人类引以为自豪的创作领域，"人工智能创作物"这一新兴事物由此而诞生。未来，我们将如何看待这些新生的事物？它的出现到底是人类智慧的体现，还是在向人类所特

---

[1] "日本人工智能撰写小说通过文学奖首轮评审"，http://news.163.com/16/0322/15/BIP74DH600014JB6.html，访问日期：2018年10月1日。

有的创造力挑衅？在法律上，我们又将如何对这类创作物进行定性？这些都成了人工智能发展过程中急需我们予以回应的重要课题。

诚如习近平总书记致信祝贺"2018 世界人工智能大会"开幕所强调的"共享数字经济发展机遇，共同推动人工智能造福人类"①。总书记在贺信中指出，新一代人工智能正在全球范围内蓬勃兴起，为经济社会发展注入了新动能，正在深刻改变人们的生产生活方式。把握好这一发展机遇，处理好人工智能在法律、安全、就业、道德伦理和政府治理等方面提出的新课题，需要各国深化合作、共同探讨。中国愿在人工智能领域与各国共推发展、共护安全、共享成果。②

想要对"人工智能创作物"的法律问题有一个积极的回应与解答，为人工智能创作物这一新生事物寻求合理的保护途径。我们就必须对现行的法律制度（特别是著作权法），进行较为深入的梳理与分析，以找出适用与否的依据，以期为新兴事物找到解释的合理依据。

有鉴于此，下文将对现有的著作权法进行系统的梳理。如此，可以为后面的分析寻求有效的论证依据。

针对人工智能的发展应用及可能带来的挑战、风险，我们更应该面向未来，积极构建人工智能法治体系，共同推进人工智能与法律的共同发展。

（三）"人工智能创作物"的实质是什么

要对这一问题进行有效解答。我们可能要把思绪拉回到前面所对人工智能进行的分析中去。之前，我们已经分析出人工智能创作的实质，其实更倾向于引入"机器学习"的人工智能。其产生与发展是在不断

---

① "习近平致信祝贺 2018 世界人工智能大会开幕"，http://www.waic2018.com/item-detail.html?id=88，访问日期：2018 年 10 月 1 日。

② "习近平致信祝贺 2018 世界人工智能大会开幕"，http://www.waic2018.com/item-detail.html?id=88，访问日期：2018 年 10 月 1 日。

积累的基础技术与不断增加的海量数据基础上完成的。

有证据表明,"微软小冰的作诗过程是从1920年以来的519位中国现代诗人的作品中学习,经过超过1万次的迭代学习,从而才逐渐形成了自己风格的诗作"。同时,通过对有些证据分析可得出,日本的"人工智能创作物"是通过对星新一本人作品的分析,才产生的。[①]

即便是我们将其定义往最高状态预估,将其视为一种介于"引入机器学习"的人工智能与"引入深度学习"的人工智能之间的创作物,即引入了深度学习的人工智能:在机器学习时,主要是以样本数据为基础,对规则和知识的自学习,略微涉及轻微的对数据变量(特征量)自主分析的人工智能。那么,"人工智能创作物"不可避免地还是一种以"机器学习"为主的被动式学习、接受。它与我国现行著作权法所保护的对象中的"创造性"及"创新性"还是相去甚远。那么,我们到底应当如何处理"人工智能创作物"的产权归属问题呢?

"人工智能创作物"作为一种新生的事物对现行法律造成了一定的冲击。在寻求解决的有效途径时,必将历经困惑。当我们试图把这一新生事物纳入到现行法律、法规中去时,却遭遇了根本上的"法理障碍"。

这一"法理障碍"就在于:"著作权法"的立法根本依据在于具有独创性的智力成果。那么,回到之前所讨论的"人工智能"与"人类智慧",就不难看出,这一"法理障碍"有多么令人绝望!因为,"人工智能"之于"人类智慧"二者之间的关系,本来就是一个无法逾越的,甚至于需要上升到哲学高度去论证的根本性问题。其原因不仅在于"人工智能"源自"人类制造",更在于人类对于自身的智慧,本来就了解甚少。所以根本就无法厘清这一重要根本性问题。那么,在我们无法厘定"人工智能创作物"其包含了"智慧"的前提下,我们如何对

[①] [日]松尾丰著:《人工智能狂潮》,赵涵宏、高华彬译,机械工业出版社2017年版,第4页。

"人工智能创作物"进行版权上的划分呢？

我们将如何解决这一问题？当我们对现有处境感到无比困惑的时候，我们何不尝试着将自己的视野往更广阔的地方延伸出去，也许，会有不小的收获或惊喜。

二、人工智能创作物受著作权法保护的可能性

根据以上分析，我们对"人工智能创作物"已经有了一个较为清晰的认识。然而，上述分析仅仅是从技术层面对"人工智能创作物"这样的新兴事物进行了剖析，由此得知这种创作物是一种引入"机器学习"的人工智能。其产生与发展是在不断积累的基础技术与不断增加的海量数据基础上完成的。那么这一独具"人工智能"特色、极富机器运转痕迹的"创作物"可以被纳入现行的法律中进行保护吗？要想对此有所回答，我们就不得不先对著作权法所保护的核心做一番探究。相信，这种探究应该会对本章主要话题的论述起到基本的铺垫作用。而且，我们就不得不把关注的视野进一步往著作权法的纵深处延伸，从中找出回答这个问题的依据。

（一）回溯著作权法立法渊源及其发展

1709年，一部具有里程碑意义的法案颁布了。它就是被后世所熟知的《安娜女王法》。《安娜女王法》被誉为世界上第一部著作权法，该法案的颁布旨在保护和鼓励知识创作，保护出版商和作者的利益，并且授予作者及购买者就其已印刷成册的图书在一定时期内拥有某种权利。

正是因为著作权自其诞生时起，就以"保护和鼓励知识创作""保护作者的利益"为核心，所以，无论英美法系，还是大陆法系在著作

权法的立法活动中，都将"知识创作"与"作者权益"放在首位。

而我国的著作权法亦是如此。为保护文学、艺术和科学作品作者的著作权以及与著作权有关的权益，鼓励有益于社会主义精神文明、物质文明建设的作品的创作和传播，促进社会主义文化和科学事业的发展与繁荣，我国根据《宪法》制定了《著作权法》。该法于 1990 年 9 月 7 日第七届全国人民代表大会常务委员会第 15 次会议通过。其后，根据 2001 年 10 月 27 日第九届全国人民代表大会常务委员会第 24 次会议《关于修改〈中华人民共和国著作权法〉的决定》进行了第一次修正。根据 2010 年 2 月 26 日第十一届全国人民代表大会常务委员会第 13 次会议《关于修改〈中华人民共和国著作权法〉的决定》进行了第二次修正。2012 年 3 月《著作权法》的第三次修改草案发布。其中，对著作权所保护的作品的范畴做了很明确的界定。即为：

> 为保护文学、艺术和科学作品作者的著作权，以及与著作权有关的权益，鼓励有益于社会主义精神文明、物质文明建设的作品的创作和传播，促进社会主义文化和科学事业的发展与繁荣，根据宪法制定本法。
>
> 本法所称的作品，包括以下列形式创作的文学、艺术和自然科学、社会科学、工程技术等作品：（一）文字作品；（二）口述作品；（三）音乐、戏剧、曲艺、舞蹈、杂技艺术作品；（四）美术、建筑作品；（五）摄影作品；（六）电影作品和以类似摄制电影的方法创作的作品；（七）工程设计图、产品设计图、地图、示意图等图形作品和模型作品；（八）计算机软件；（九）法律、行政法规规定的其他作品。

其后，在自 2013 年 3 月 1 日起施行的《著作权法实施条例》[①] 中，

[①] "国务院关于修改《中华人民共和国著作权法实施条例》的决定"，http://www.gov.cn/zwgk/2013-02/08/content_2330132.htm，访问日期：2018 年 10 月 1 日。

对《著作权法》的作品进行了进一步解释：

> 著作权法所称作品，是指文学、艺术和科学领域内具有独创性并能以某种有形形式复制的智力成果。

可见，我国《著作权法》保护的对象也是"具有独创性"的"智力成果"。那么，问题又由此而产生？按照这一保护对象的厘定标准，划分框架，"人工智能创作物"是否可以被纳入现行的《著作权法》？如果不能直接纳入，那么我们又当如何解决因为科技发展而产生的新问题？域外是否已有可供借鉴的解决途径？

自人工智能高速发展以来，"人工智能创作物"对法律所产生的冲击，已在全球范围内产生了广泛的影响。与此同时，在其法律适用性问题上，虽然，世界知识产权组织等国际组织未以公约的形式对"人工智能创作物"这一特定新生事物的版权归属问题进行统一规定，而是交由各国根据本国国内法处理；包括我国在内的大多数国家也都未对此进行详细的讨论。但是，英美法系国家中的英国、欧盟、澳大利亚，大陆法系国家中的日本，却似乎已经预见了"人工智能狂潮"会以一阵迅猛之势席卷全球，而对未来人们生活产生极其深远的影响。早已对与"计算机"有关的版权问题做出了积极的回应。虽然，限于当时的人工智能发展状况制约（彼时现在意义上的"人工智能创作物"并未产生），这些法案并未对"人工智能创作物"本身进行相应的法律规范，但是，这些法案中所蕴含的人文精神、先见之明如同一道微光已然给未来世界带来无限希望！下文将先对上述说明做出详细的说明、梳理及分析。

（二）英美法系国家对此的积极应对

来自美国的思考。如果我们将人工智能认定为是"科学的极致"，看到这是科技进步的必然结果，我们就不得不往前多走一步，向诸君解释其之所以然的原因。因为，这一原因的探索将构成美国对"人工智能及其延伸法律问题"立法的核心关键，也可被认为是基础。

事实上，对于这个问题，无论是提出人工智能的麦卡锡、西蒙，还是被誉为"人工智能之父"的图灵，都早就已给出了自己的看法。

首先，我们先来看看来自"人工智能之父"的图灵是如何定义"人工智能"的？

在人工智能概念形成之初，图灵就在其最重要的文章中写道："我建议诸君来思考这样一个问题：'机器能思考吗？'"正是这个看似普通的问题开启了"人工智能世界"之门。结合图灵本人在"图灵机"发明过程中而产生的重大影响与杰出贡献，我们意识到，图灵的真正目的是想为图灵机找到一个可操作的标准。而这个标准则是：如果一台机器"表现得"和一个能思考的人一样，那么我们就几乎可以将之认定为"在思考"的。其后，人工智能的创始人之一（曾获得图灵奖和诺贝尔经济学奖）西蒙教授更是思虑深远地在他的代表性著作《人工科学》一书中，将其延伸至人工科学这一更为宏阔的概念范畴。这一概念从大脑的运作机制、心智的适应能力、记忆与学习过程，甚至延伸到经济学、设计科学、管理学等更为宽广的领域，从而深刻阐述了人工科学建成的可能性、目标及基本途径。

正是由于美国在人工智能方面得天独厚的优势，加之超前的理念，美国才成为计算机创作物可版权性的立法与司法探索最早的国家。早在1965年新科技应用版权委员会（Commission on New Technological Uses of Copyrighted Works）的一份研究报告中，就已指出计算机本身并不具有受著作权法保护的"作者"身份。而现行美国著作权法也对保护对象中的"具有独创性的表达"进行了强调说明。

作为《著作权法》的诞生地——英国，它也是对计算机创造物（Computer-Generated Works）最早进行立法保护的国家之一。1988年英国立法院颁布了《大不列颠及北爱尔兰联合王国1988年版权、外观设计和专利法案》。在此法案颁布之后两年，《环球法律评论》中刊载了一篇名为《评英国〈1988年版权、外观设计和专利法案〉对精神权利的保护》的文章，文章对此法案的产生背景做了说明[①]。从中，我们不难分析出其立法的依据正是在于：在更合逻辑的基础上重建法律；使法律现代化以适应最新的技术进步。同时，在这部法案中，还明确了"计算机产生作品"的确切含义："该作品是在没有人类作者的参与而由计算机独立生产的作品。"

然而，在法案中对于"计算机产生作品"所享有的权利，却没有做出太多的说明；同时，该法案又明确规定了诸多版权保护不适用于产生自电脑的作品。

（三）来自大陆法系国家的视角

日本，身为亚洲乃至于全世界人工智能的发展强国，也是在法律和政策上对人工智能创作物及相关问题予以积极回应的为数不多的（甚至可以视为首个）国家。值得注意的是，与上面章节中所提到的英美法系国家对此问题的预见性思考不同，日本对于此问题的思考及分析，确实是站在"人工智能创作物""计算机创作物"分析基础上完成的。

关于这一问题，我们先从日本现行的《版权法》进行切入和分析。日本现行的著作权法即《版权法》，是于1970年颁布、1978年修订的。

在日本现行的《版权法》中的第一节第一条，即已明确了该法的目的，在于确定关于作品、表演、录制品和广播的作者的权利及与此相关的权利，注意这些文化产品的正当利用，以谋求保护作者的权利，为文化的发展做出贡献。

---

① ［英］哈泽尔·卡提，基思·霍金森："评英国《1988年版权、外观设计和专利法案》对精神权利的保护"，周红译，郑成思校，载《环球法律评论》1990年第2期。

同时，在日本现行《版权法》的第 2 条即对法案中各项用语意义进行了详细的规定。其中包含：①对"作品"进行了明确的规定，即作品是指用创作方法表现思想或者感情的属于文艺、学术、美术或者音乐范围的东西；②对"作者"进行了明确的规定，即作者即为作品的创作人。

由此可见，几乎与所有的大陆法系国家一样，日本的著作权法亦是将重心放在对作者人格及其延伸的保护上的。

而根据引擎搜索结果显示，日本最新修改的《版权法》也将其重心放在了数字版权的保护上。可见，虽然如同小冰的问世，"人工智能创作小说"对日本社会产生了强烈的冲击，但是，到目前为止，对于"人工智能小说"的版权法适用性问题，其讨论并未深入。也就无从谈及对此找到有效的应对途径。

综上所述，我们似乎能得出一个较为模糊的结论，即迄今为止，域外立法对这个问题的关注总体而言是倾向于消极的。它们既没有为"人工智能创作物"进行必要的定性，同时也没有将其纳入一个可操作性的框架中去审视、判别，从而为其找到一个合理的法律依据。

那么，时至今日，我们是否已经迫在眉睫的需要为"人工智能创作物"找一个法律上的依据了呢？对于这个问题，我们似乎无法用是或不是这种二元对立的方式来予以明确的回答。

为何？

其主要的原因在于：首先，时至今日，我们似乎仍然难以攻破上面所分析的"人工智能"在其自身发展过程中所碰到的"法理障碍"：即我们无法为"人工智能"或"人工智能创作物"本身予以合理的定性。

其次，在这样一个根本性的"法理障碍"无法攻破的基础之上，伴随着"人工智能"第三次浪潮的迅猛发展，我们又不得不对"人工智能创作物"其归属问题予以充分重视。

因为，随着时间的推移，这些"创作物"正在以一种积极的姿态，向世人展示出它们的"才华"与"魅力"！例如，日本的"人工智能创作小说"的成功研发、横空出世，甚至已经公然向人类"作者"提出挑战，分庭抗礼，"妄想"共同角逐诗歌大赛的最高奖项。再例如，2018年5月，小冰推出了自己的第一部"个人诗集"《阳光失了玻璃窗》。如是种种，无一不冲击着人类敏感而又丰富的内心世界。自古以来，"吟诗作赋"被认为是有某种"神迹"的降临，是上天给予人类最宝贵的馈赠之一，才让人类拥有了如此高贵的想象力、创作力。然而，今天，这块宝贵的、从未允许被任何其他生灵所"践踏"的"处女地"，居然被"人工智能"以迅雷不及掩耳的速度入侵，甚至于似乎慢慢面临着失守！这是真的吗？人类又将如何应对这一局面？

三、人工智能创作作品著作权归属的学理思考

人工智能创作作品的权利归属是人工智能法律问题研究的重要一环，人工智能已经可以创作小说、诗歌和新闻，这些作品的著作权保护需要探索。这些作品是否符合"独创性"要求？如果不符，法律应如何保护？由于人工智能自我思考与独立决策的发展方向，导致可能产生几个与现行知识产权法有关的关键矛盾：一是人工智能"作品"的认定标准；二是人工智能创造"作品"的著作权归属。人工智能创作出具有独创性标准的内容已无异议，但其内容的性质认定与权利归属认定尚无确定结论，如果对于著作权权利归属的规定仍保持现状，可能的结果是产生大量既没有权利归属却又现实存在的"孤儿作品"。为妥善梳理人工智能创造内容的权利认定，必须重新厘定著作权制度等知识产权法的法律渊源与权属主体扩大趋势的原因，通过明确人工智能生成物的内容性质探讨其归入现有作品的可能性，并通过分析知识产权对于独创

性的判断标准分析著作权法与专利权法下对于人工智能生成内容的权利归属。

而当发生侵权时，如何解决人工智能生成物的著作权侵权问题？日本在 2016 年版本的《知识产权推进计划》中明确了在现行法律法规下，人工智能独立生成的创作物尚无法成为知识产权的客体。[①] 但其在 2017 年公布的《知识产权推进计划》中却明确提出，针对数据驱动型的新型创新，构建用于促进数据和人工智能利用的知识产权制度和著作权系统，构建作为第四次产业革命基础的著作权系统，其中包括：探讨针对促进创新的权利限制等规定，完善著作权在所有者不明等情况下的裁定制度，建立灵活的专利体制并逐步改善，改善可持续的再生产内容的相关环境以及推进信息化教育。国外学界对于人工智能知识产权的态度改变令人深思，如果对于人工智能知识产权问题无法做到未雨绸缪，大量的"孤儿作品"可能将充斥人类世界，直接威胁到知识产权体系存在的基础。笔者认为，在人工智能独立创作的情形下，可否适用"刺破人工智能面纱原则"，即权利主体是人工智能背后的实际控制人。人工智能虽然具有法律人格，但这种人格是有限的，并非完全的法律人格。人工智能的工具属性决定了其法律地位。采用"刺破人工智能面纱"理论将会大大鼓励人类利用人工智能进行创作的热情，同时促进人工智能产业自身的发展。

（一）人工智能著作权法的历史渊源

与其他领域的人工智能发展相比，人工智能在"作品"创作方面已经有了长足的进步，从微软"小冰"写诗，到报纸淘汰大批采编人员而使用机器人写手，人工智能在艺术、新闻、出版、摄影等多领域不同程度地参与创作已经形成一定气候，而如何认定人工智能生成内容的

---

① 参见 http://www.kantei.go.jp/jp/singi/titeki2/kettei/chizaikeikaku20160509.pdf。

权利归属，如何认定人工智能生成内容的可版权性，学界尚无定论。人工智能是否能成为著作权人？人工智能生成内容的过程是否属于创作行为？该内容是否构成作品？这些均为法律需要明确的内容，这直接关系到人类生活的现实。例如，经过美图秀秀软件深度 PS 过的照片著作权属于谁？

从已有的观点分析，关于人工智能版权归属的学说大致有软件设计者享有著作权说、使用者享有著作权说、类职务作品说、人工智能所有人与人工智能共有权说、人工智能拟制法律人格说等诸多观点。若将人工智能生成的内容认定为著作权法上的作品，则当前法律规定尚未与现实发展所匹配，如果不将其视为作品，则显然无法激励人工智能的设计者、生产者及所有者投入更多资源用于技术的发展。不授予人工智能创作物以版权最明显的优势在于避免了法律修正的成本，传统的版权体系得到了形式上的维护，而劣势在于版权法将无法回应人工智能技术所造成的冲击。20 世纪 90 年代，美国版权局授予了两件由计算机软件独立创作的文字作品以版权，在这两部作品中，程序的设计者享有作品版权，而软件被列名为作者。[①] 由于人工智能的独立创作行为对人类行为的替代，现有包括著作权在内的知识产权规则面临着重大挑战。

当代知识产权法诞生的目的一直围绕着赋予知识产权人对于独创性成果的法定权利以激励有价值的作品创作并传播，对于作品权利归属的认定也一直以相应的著作权人为中心。作品之所以被称为作品，应当蕴含人的独特思想与情感，而作品包含的权利也由著作权人享有——包括自然人、法人以及其他类型的组织。由于法人等组织在鼓励、传播、投资作品上具有重要作用，因此当代知识产权法赋予其应有的著作权利。

---

① 该两部作品题为 Just This Once 与 The Policeman's Bread is Half Constructed。参见 Andrew J. Wu, From Video Games to Artificial Intelligence Assigning Copyright Ownership to Works Generated by Increasingly Sophisticated Computer Program, 25 AIPLA Q. J. 131, 154 (1997)。

著作权的保护期限涉及经济利益的博弈。由于人类医疗水平和生活水平的提高，导致人类的寿命普遍延长，因此，当前主要国家的立法均规定版权保护期限为作者死亡后 50 年以上，一般达到 70 年。保护期限越长，对于作者亲属等版权利益人的保护就越充分，以便其后人可以获得充足的经济利益保证。尤其是法人等大型利益集团对于著作权主体与客体的保护与发展起到了重要作用，例如，迪士尼集团等大型文娱公司推动美国国会通过 1998 年"Sonny Bono 法案"，以延长一些著名作品的版权从而获得更多收益。[①] 在互联网大规模兴起之前，音乐作品均以发行专辑唱片的形式进行售卖传播，有时一些巨星的唱片可以达到一千万张的销量。在巨大利益面前，唱片公司等利益群体认为美国版权法下的 50 年保护期限无法满足其更为长远的盈利，因此，不断试图影响美国国会延长权利保护期限。美国著名歌星桑尼·波诺（Sonny Bono）退出歌坛后进入政坛，并成功担任美国棕榈泉市（Palm Springs）的市长，随后当选美国国会议员，部分唱片公司说服同样拥有音乐作品版权的桑尼·波诺代表该群体起草延长保护权限的法案，并最终获得国会支持，该法案也被命名为"Sonny Bono 法案"。该法案的主要内容是将版权保护期限在原基础上延长 20 年，即达到 70 年的免申请版权期限。

（二）对于人工智能创作物的学术观点

对于人工智能创作物能否享有著作权法律保护的争论喧嚣尘上，大致可以分为支持与否定两类。

1. 支持人工智能创作物享有著作权的主要论据

一是现行著作权法对于"作品"认定的标准为是否具备独创性，

[①] 我国立法对于法人等组织的著作权利益是承认的，例如，我国《电影管理条例》第 15 条规定，电影制片单位是享有著作权的主体。电影的制作需要投入大量的人力、物力以及组织协同资源，并非单个自然人可以完成的创作内容，通过赋予法人等组织著作权的权属安排，可以较为妥善地保障投资人利益，进而促进电影市场的繁荣，形成良性的循环。

其采用的是受众的感知标准而非主体范围的限定，著作权法设定认定标准的出发点在于保护作者的独创性，[①] 而非认定作者是人或是人工智能。即便人工智能自主生成的内容没有经过人类的加工或干预，并不影响出于保护独创性的原则而认定该生成物为"作品"，法律应当跟随实践的发展变化而做出积极应对；二是"独创性"的认定标准问题是一个客观标准，而非创作主体的认定标准，即使是人工智能创作物也应受到著作权法的保护，而非构建以人类作者为基础的著作权法系统，从著作权法的发展历程分析，著作权法保护的客体逐渐经历了从以创作者为中心到以受众为中心的历程，并且受众中心理论在不断得到强化与事实上的保护，从立法进路分析，明确作品保护中心原则并无任何不妥。1886年《伯尔尼公约》在签订之初，由于当时技术条件的限制与立法所处的社会现实环境，虽然未直接规定作者一定须为自然人，但该公约第3条明确规定受其保护作品的作者理应是作为权利义务主体的缔约国国民。在人类进入21世纪后，技术环境早已发生了巨大的变化，《伯尔尼公约》同样做出了适时的调整，随着社会的发展变化做出了相应改变。国际标准化组织[②]在《合伦理设计：利用人工智能和自主系统（AI/AS）最大化人类福祉的愿景》文件草案中提出应重新审查知识产权领域法规，对人工智能创作作品的保护做出修改，如果人工智能依靠人类的智力或劳动创造新的内容，则人工智能的设计、开发、使用者应作为知识产权人对此内容享有权利。而相关算法的原代码产生后需要及时进行登记固化著作权证据。

2. 反对人工智能创作物享有著作权的主要论据

一是人工智能运算依靠的是固定模式的算法，除了运算错误或机械

[①] 例如，我国《著作权法》第1条规定：为保护文学、艺术和科学作品作者的著作权，以及与著作权相关的权益，鼓励有益于社会主义精神文明、物质文明建设的作品的创作和传播，促进社会主义文化和科学事业的发展繁荣，根据宪法制定本法。德国《著作权法》第2条第2款规定：本法所称著作，仅指人格的、精神的保护。

[②] 简称IEEE。

故障，计算方式于同一事物的处理结果高度一致，并不具有人类创造作品的细微差别，而这种细微差别才是独创性的体现。例如，人工智能画臂经过对于大师画作的临摹后，可以随意复制书写没有任何差别的多幅作品，而人类画师不论画技多么高明，均无法创作两幅完全一样的作品。因此，人工智能创作的内容无法体现真正意义上的独创性，其所谓的创作，更多的是执行运算的结果。同时，独立创作的这一外观特征不是作品受到保护的理由，最低限度的创造性才是认定权利归属与侵犯的基本判断准则。① 二是人工智能创作的内容若具有可赋权性，而将权利享有的主体赋予人工智能的开发者或设计者，则人工智能的知识产权人同时具有了人工智能创作物的著作权，双重权利或权利的过分集中并不有利于真正地促进人工智能创作内容的繁荣。三是从人工智能对于著作权的影响分析，其影响更多地集中在传播领域而非创作的领域。长期以来，囿于人工智能实际功能的限制，其长期作为创作、传播的工具使用，如前文所述，其所谓的创作行为更多的是利用算法进行固定程式的书写、临摹、模仿，尤其是不断扩展著作权作品的使用与传播方式，而非为了产生更为丰富的著作权类型或权利客体。从国际组织立法层面分析，联合国教科文组织和世界知识产权组织②曾于1979年召开过专题研究对于借助计算机创作作品的专家会议，认为针对计算机系统所创作的作品，例如，软件系统，一般应适用著作权保护。因此，计算机系统应被视为作品创作而使用的技术手段。四是如果承认人工智能创作内容的著作权可能会导致大量负面影响。以结果导向进行分析，人工智能的算力远远超出人脑，如果现行知识产权法给予人工智能以著作权，则会引致著作权的泛滥，并不利于知识产权法对于知识价值的保护。③ 知识产

---

① 乔丽春："'独立创作'作为'独创性'内涵的证伪"，载《知识产权》2011年第7期。
② World Intellectual Property Organization，简称 WIPO。
③ 即所谓的"反公地悲剧"：权利的过多存在将阻碍权利的利用，并最终阻滞权利的行使。该理论来源于"公地悲剧"，即人人均享有权利但没有义务的土地常常会遭遇污染、疏于管理的境地。

权法对于著作权的独创性标准只要达到最低限度的创造性即可，如果承认人工智能著作权，必然会引致一些本不具有保护意义与作用的所谓创作内容享有本不该享有的权利。五是只有法律意义上的人才具有著作权的资格。从民法角度分析，民事法律关系的客体主要包括：物、行为、智力成果与人身利益。智力成果是无形资产，属于脑力劳动创造的财富形式，包括著作权在内的权利属于知识产权法律关系的客体。人身利益包括生命、健康、姓名、名誉等生命权与人格权等人与生俱来的权利，著作权同样应当是著作权人人格的附属体现。但笔者认为其无法回避法人等拟制人格对于著作权享有的现实。

3. 反对人工智能创作物享有著作权的主要司法裁判

现行讨论人工智能著作权的很多文章均会引用下述案例：一个是在"长沙动物园诉当代商报社、海底世界案"中，法院审理认为，海豚"表演"是因驯养产生的条件反射，海豚无法具有法律人格，不能构成著作权的权利主体。① 另一个经典案例是澳大利亚 Telstra Corporation Ltd v. Phone Directories Company Pty Ltd. 案件②中，该案争议的焦点为复制的电话号码簿能否成为作品，原告起诉被告复制了其编写的电话号码簿。法院裁定的结果认定该号码簿并非人类创作的结果，而是计算机直接生成的，且仅为依靠计算机按照字母顺序编排的，不属于作品，因此不受《澳大利亚版权法》的保护。

但笔者认为，Telstra 案无法成立。法庭指出，如果自然人依靠人工的方式将该电话号码簿编排，因无法满足独创性的要求，也无法构成汇编作品。计算机编排或者人工智能参与并非本案对于作品认定的关键因素，基于此讨论人工智能著作权的可能性缺乏有力的依据。Perram 法官在审理意见中注明，自然人对计算机软件程序的控制可视为对创作作品

---

① 参见长沙市中级人民法院〔2003〕长中民三初字第90号民事判决书。
② Telstra Corporation Ltd v Phone Directories Company Pty Ltd., (2010) FCA 44, para. 5.

的调整、塑造，因此可将该人视作计算机软件创作作品的作者。但若自然人并不能控制创作作品的最终形式，即该人对该创作物未能做出充分且独立的智力贡献，则该人不得被视为作者，该创作物亦不能被视为版权法中的作品。

4. 本书观点

笔者认为，作品的定义为：文学、艺术和科学领域内的思想或者感情的独创性表达。关于独创性要件，并没有成文法对此做出严格分明的要件要求，只要满足独创性的要求，就应当具备著作权授予的要求。如果该独创性表达没有实际的传播与应用价值，则根据经济学的基本原理，即使授予权利也没有主体愿意为此承担长期且大量的经济负担，因此，并不存在反公地悲剧或过剩保护的问题。在判断人工智能创作内容是否构成"作品"时，需要明确的是作品的判断标准。在人类创作的内容相同时，需要从相关内容的外部表现形式上判断是否构成作品。如果内容满足从无到有的原创要件，则应当满足内容的外在形式要件。以上文提及的人工智能绘画为例，其在作品的变现形式属于"以线条、色彩或其他方式构成的审美意义的平面造型艺术"。而人工智能生成的新闻报道、音乐文件等，形式上具备了著作权法对于作品的外在形式要求。从形式要件分析，著作权法应将其纳入研究范围，再进一步分析其是否构成作品。

（三）著作权归属判断标准的演化逻辑

从历史的发展进程分析，有关作品权利归属的原则经历了从"作者中心"到"作品中心"的路径选择，现代知识产权法的突破主要集中在以创作内容的投资者为中心的权利归属安排机制。在罗马时代，查士丁尼提出精神努力与技艺的产品是艺术家的财产，可以说以作者为中心的权利构成在当时就已经形成，17 世纪末期，主张社会契约论的法学家约翰·洛克正式提出了"谁创造、谁所有"原则的系统性论证，认为人身权利为自然拥有，通过身体劳动创造的作品属于创作者所有。1709年后，英国颁布《安娜女王法令》，①明确作者拥有相应著作权，确立以作者为中心的立法体系。

随着生产革命的到来，人类社会的创作机制逐渐由个体创作演变为个体创作与集体创作并存的形式，特别是计算机投入大规模使用后，CD专辑、电影剧作等流水线式的创作内容已非一己之力可以完成的作品，产出的规模效应要求此类作品必须有大量的人力、物力、财力的投入。②为鼓励创作，各国立法先后在作者中心的权属模式上寻找突破——实现从"作者中心"向"投资者中心"或"作品中心"的转变。早在19世纪后期，就有美国地方法院开始对传统的"作品中心"原则发起挑战。1903年，美国最高法院对 Bleistein v. Donaldson Lithographing Co.③案例的裁判结果宣告了投资者享有著作权。判决意见书中明确指出，如果设计的内容是投资者使用了大量雇工并投入了大量金钱后产出的成果，那么该内容的权利应由投资者所有。此后，美国成文法也对此做出了相应修订，根据美国《版权法》第201条的规定，将投资者"视为"作者，并享有版权。

在我国《著作权法》下，作者被分为自然人作者与单位作者两种形式，对自然人以外的创作主体，同样"视为"作者。④该法第11条规定了作者的权属安排，除另有规定外，著作权应当属于作者。从创作

---

① 全称为《为鼓励知识创作而授予作者及购买者就其已印刷成册的图书在一定时期之权利法》。

② 企业等法人组织能够为创作提供大规模的物质与组织条件，例如，我国《著作权法实施条例》第11条规定："著作权法第十六条第二款关于职务作品的规定中的'物质技术条件'，是指法人或者该组织为公民完成创作专门提供的资金、设备或者资料。"

③ Bleistein v. Donaldson Lithographing Co., 188 U. S. 239.

④ 参见《著作权法》第11条第2款。自然人作者指创作作品的自然人。由法人或者其他组织主持，代表法人或其他组织意志创作，并由法人或者其他组织承担责任的作品，法人或者其他组织视为作者。如无相反证明，在作品上署名的公民、法人或者其他组织为作者。

的权利归属分析，如果严格根据作者中心的原则，法人与其他组织将无法享有作者的地位从而拥有著作权，但包括我国法律在内的知识产权法将投资者"视为"作者后，事实上将权利归属原则转变为以作品为中心，而不再过多地考量作品是否由自然人创作。例如，《著作权法》第15条规定："电影作品和以类似摄制电影的方法创作的作品的著作权由制片者享有，但编剧、导演、摄影、作词、作曲等作者享有署名权，并有权按照与制片者签订的合同获得报酬。"将著作权的权利归属他方所有，是对社会分工生产现实的正向回应，即便在未直接参与创作的情况下，特定的主体依然可以视为著作权法下的作者。创作者属于狭义的作者，投资者等主体视为法定条件下的作者。因此《美国版权法》第106条在对著作财产权做出规定时，对于权利主体的表述是 Copyright Owner（版权所有人）而非 Author（作者），以适应权利归属的现实需要。

2014年中国国家版权局提交的《著作权法（修改草案）》（征求意见稿）中，第15条规定：由法人或者其他组织主持或者投资，代表法人或者其他组织意志创作，以法人、其他组织或者其代表人名义发表，并由法人或者其他组织承担责任的作品，法人或者其他组织视为作者。将"投资"列入修改后的条文中，直接体现了投资者在著作权属安排中的主体地位，充分彰显投资在权利归属中的重要地位。从我国对于著作权的保护立法轨迹分析，也经历了从作者中心到作品中心的转变，逐步形成以作品作为权属判断的标准，除了应对实践的变化突出保护法人等组织的著作权外，我国《著作权法》第16条专门规定了普通形式的职务作品以及特殊形式的职务作品的著作权保护。普通职务作品由创作者享有著作权，但单位享有两年的优先使用权期限，特殊职务作品将人格权与财产权剥离，将署名权赋予创作者个人，但将绝大部分著作权赋予自然人所属职务单位。法律出于保护投资的目的，为职务作品的投资者或者提供创作条件的单位赋权，从而实现保护与促进知识成果发展的社会效果。

（四）人工智能创作内容权属规制安排

回归到人工智能创作内容的权利归属问题上，与其内容权属有关的主体至少包括人工智能的所有者、设计者与使用者这几类。对于人工智能创作内容的权利归属是法律对于利益安排的直接选择，直接关系到未来知识产权市场的稳定与良性发展。因此，法律对于该问题的制度设计必须确保合理并符合长远的经济利益与社会现实。

如果按照以作者为中心的知识产权立法体系，人工智能无法拥有人身权利，其创作的内容无法属于作者创作的作品，人工智能创作的内容将无法得到法律的保护，对人工智能创作物的模仿、抄袭等侵权行为将直接危害到若干个世纪以来建立的知识产权市场的整体发展。因此，在有效应对实践发展变化的过程中，作者中心的知识产权法框架需要进行重新规制，以投资者为中心对人工智能创作内容的权属进行考量不失为一个较为成熟的选择，而其他法律主体可以通过约定、协议等方式取得人工智能创作内容的著作权。例如，IBM公司旗下的Watson高端人工智能系统可以为律师提供辅助服务，快速索引并解决成文法和判例法中的相应问题，对于使用该系统的实体，IBM公司也会以知识产权所有人的身份收取授权使用费用。只有在投资可以取得回报的前提下，企业等主体才有持续的动力不断投资改进人工智能系统。因此，知识产权法应当做出合理的框架设计，允许投资人、使用人等相关主体依据协议、合同等诺成性安排使得著作权得以流转，而现行法律对于著作权继受取得等安排已经比较完善，不存在过多阻力。

对于自然人而言，作者中心的著作权归属原则无疑曾经在激励人类进步的进程中发挥过重要作用，但对于人工智能而言，坚守作者中心的权利归属无法起到鼓励创作、鼓励正当权利保护的效果。就人工智能目前的发展阶段而言，其尚未进化到通过明确权利归属以激励自身创作的强人工智能阶段，但法律应当为此做出价值性的指引，权属的框架设计应当能够为未来人工智能自我思考进行的内容产出起到激励、鼓励、保护、发展的作用，使得人工智能更好地为作品的繁荣服务。

早在1973年，英国就根据计算机对版权制度的冲击而设立了版权法修正委员会，对计算机输出物的著作权归属做了研究。在法律框架的具体规制上，《英国版权、设计和专利法》[1]具有一定的前瞻性，为计算机生成作品（computer-generated works）的著作权规定提供了较好的借鉴，该法案第9条规定，对于计算机生成的文学、戏剧、音乐以及艺术品的版权，对创作过程做出必要安排的人应被视为作者。同时，该法第178条对何谓"计算机生成"做出了具体阐释，将其限定在无人为作者的前提下，即仅为计算机对创作过程做出贡献而无自然人的参与，同时将其视为集体作品（collective work）的一种。而对于计算机生成内容的著作权，该法案第12条第3款规定自作品完成创作的当年最后1日起50年后届满。南非1978年《版权法》对计算机作品的保护期限与此相同。[2]

但该立法的局限在于计算机作品的权利主体又归属于人，在客体界定和权利归属的逻辑上存在矛盾。在1973年第一版的《美国版权局工作手册》中，版权局确定了受著作权法保护的作品必须来源于人的创作。[3]在南非Haupt v. Brewers Marketing Intelligence（Pty）Ltd. and Others案[4]中，该案中双方对计算机软件所创作的软件著作权产生了争

---

[1] Copyright, Design and Patents Act 1988，简称CDPA。
[2] 参见南非1978年《版权法》，http://www.cipro.co.za/legislation%20forms/Copyright/Copyright%20Act.pdf。
[3] See U. S. Copyright Office, Compendium of Copyright Office Practice (1973)，§2.8.3.
[4] See Hanah Simon, SouthAfrican Supreme CourtRules on Copyright in Software and Computer-Generated Works, 11 J. INTELL. PROP. L. & PRAC. 696, 699 (2006).

议。南非最高法院终审认为，作品一旦被认定为计算机创作的作品，则其被授予著作权的正当性在于使得创作过程做出必要安排的人成为作品的人类主体，而新西兰立法对此持相同态度。① 传统私法理论下，权利主体、客体间不得相互转化，即主体不能既享有权利，自身又是权利的客体，对于著作权来说，所有著作权的权利客体来源应为权利主体，且权利主体与客体间不得相互转化，而现行著作权法体系下，无论是作品的判定还是权利的归属，均需要以人作为权利主体。② 而在权利归属的确定中，著作权法认为自然人实施创作行为天然为作者，而特定情况下，即作品体现出了法人意志的情况下，法人或者其他组织才可被"视为"作者。③ 如果固守上述理论，人工智能创作内容即使符合独创性的要求，也无法被视为人的意志的表达从而成为作品，而人工智能也无法确定为著作权的主体。

自第三次工业革命以来，计算机的运算逻辑与能力水平不断提高，已在部分领域实现在无人参与情况下的独立创作，可以满足作品所谓的独创性标准，如何认定上述内容的作品属性与权利归属，一直没有统一的标准与共识。而人工智能生成内容的机制又与传统计算机生成的内容不同，传统计算机依靠的是自然人将数据输入而通过运算进行成果的输出，其独创性的内容并不多，因此，将著作权明确为计算机软件的设计、使用等"对创作过程做出必要安排的人"是恰当的。根据《美国代理法重述（第三次）》第3.05条的规定："通常情况下，任何人都可以接受授权与他人产生法律关系并受与第三人所产生的法律关系约束。"基于此项规定，人工智能可以基于自然人的授权行为而成为自然

---

① See Mark Perry & Thomas Margoni, From Music Tracks to Google Maps: Who Owns Computer-Generated Works, 26 COMPUTER L. &SEC. REV. 621, 622 (2010).
② ［德］汉斯·布洛克斯等著：《德国民法总论》，中国人民大学出版社2012年版，第456页。
③ 熊琦："人工智能生成内容的著作权认定"，载《知识产权》2017年第3期。

人的代理人，由此基于其授权行为享有代理权。不过，这种观点具有法律上的障碍。根据《美国代理法重述（第三次）》第1.04（5）条的规定，根据普通法的规定，计算机软件只能作为一项工具，而不能作为代理人或者主要参与人。① 但是人工智能发展到强人工智能阶段后，已经可以进行类人思考与深度学习，可以自行学习、运算与生成成果，人类往往无法预知人工智能最终会因为"算法黑箱"而生成何种内容。例如，AlphaGO的设计者并不会知晓人工智能在围棋对弈中下一步的出棋选择，这使得《英国版权、设计和专利法》对于计算机作品的规定在人工智能时代显得过于单薄。

（五）人工智能权属邻接权机制探析

若将著作权法中独创性之"创"理解为作者独有人格的物化过程，② 或必须体现作者的个性，③ 那么任何计算机程序或人工智能所生成的内容是否属于受著作权法保护的作品，首先必须确定该内容中是否存在人"对社会生活的素材加以选择、提炼、加工，运用自己的构思、技巧，塑造出艺术形象或表述科学技术的创造性劳动"。④ 只有在认定存在独创性的前提下，才会继续考虑作品归属问题，究竟是根据著作权法的权利配置规则，将作品权利归属于创作者或投资者，还是突破性地认定人工智能为自然人、法人和其他组织之外的新作者。⑤ 将直接关系

---

① David Marc Rothenberg. Can Siri 10.0 Buy Your home? The Legal And Policy Based Implications of Artificial Intelligent Robots Owning Real Property. 11 Wash. J. L. Tech. & Arts（2016）：447.
② Bleistein v. Donaldson Lithographing Co. Inc.，188 U. S. 239（1991）.
③ 北京中易中标电子信息技术有限公司诉微软公司案，北京市高级人民法院民事判决书〔2010〕高民终字第772号。熊琦："人工智能生成内容的著作权认定"，载《知识产权》2017年第3期。
④ 胡康生主编：《中华人民共和国著作权法释义》，法律出版社2001年版，第13页；熊琦："人工智能生成内容的著作权认定"，载《知识产权》2017年第3期。
⑤ Nauto v. Slater，"恒河猿猴自拍案"后，美国法院拒绝承认动物享有著作权。参见熊琦："人工智能生成内容的著作权认定"，载《知识产权》2017年第3期。

到处理人类与人工智能的整体利益关系，将人工智能视为著作权主体肯定人工智能作为权利主体，那么与之配套的侵权行为、意识表示、主观过错等诸多难题均为现行法律体系所需要完成的任务。

而对于人工智能可以享有的著作权内容，学界存在不同观点，有学者认为可以对人工智能创作内容认定为作品并适用邻接权。[①] 邻接权与著作权的设定目的不同，邻接权在于保护投资者与传播者的经济利益，而非著作权保护与激励创造性的立法目的。著作权保护的是一般作品，而邻接权的保护客体是作品的传播媒介与作品外的劳动成果。著作权存在作品独创性的要求，而邻接权客体则对独创性的要求较低。著作权的内容包括人格权和财产权，而邻接权一般仅为不同类型的财产权，同时可以根据实际变化进行增减。一般而言，邻接权有表演者权、录音制作者权以及传播组织者权三种，除此之外，还可设立出版者版式保护权等新增内容。而著作权与邻接权也有相似之处，其主体均可为自然人与法人、非法人等组织。欧盟已生效的《一般数据保护条例》，具有的显著特征就是通过属人化的数据保护设定，突破了物理空间的传统主权管辖范围，实现了虚拟空间上的属人扩张，许多涉及国际因素的传统法律制度设计必然会面临巨大的挑战。[②]

人工智能依托算法的运算逻辑与整合输出生成内容，其整合—运算—输出的创作模式已经不同于一般的作品创作，更近似于集体舞蹈创作、大型节目编排等邻接权保护内容的制作。人工智能创作内容若适用邻接权保护的机制，则应当设定客体、内容、主体及权利归属、保护期限、侵权责任判定、权利限制等具体的必备性框架内容。[③] 一是要明确

[①] 罗祥、张国安："著作权法视角下人工智能创作物保护"，载《河南财经政法大学学报》2017 年第 6 期。

[②] 马长山："智能互联网时代的法律变革"，载《法学研究》2018 年第 4 期。

[③] 罗祥、张国安："著作权法视角下人工智能创作物保护"，载《河南财经政法大学学报》2017 年第 6 期。

人工智能创作内容属于邻接权客体，但同时具有独创性的要求；二是人工智能创作内容的邻接权主体应当为投资人，对此可以参照《英国版权、设计和专利法》对于计算机生成作品的规定；三是人工智能创作内容邻接权的具体范围包括署名权、财产权，但可以将人格权排除在外，[①] 减少邻接权内容与现行法律体系的冲突，而署名权的赋予将可以使得众多人工智能创作内容予以区分，并事实上给予人工智能一定的精神鼓励。从邻接权主体的现有财产权范围分析，一般较为狭窄，例如，我国《著作权法》第 42 条规定了录音录像制作者享有复制权、发行权、出租权和信息网络传播权，而根据该法第 43 条的规定，邻接权人只有转播、录制以及复制录制品这三项财产权。财产权的减少是为了适度降低保护水平，在予以保障投资人投资的基础上不过分扩大权利的范围，避免走向权利过剩的极端。借鉴现有邻接权经验，人工智能创作内容的邻接权应当包括复制权、发行权、网络传播权这三类主要市场即可；四是保护期限不应过长。分析现有法律规范，通常而言邻接权的保护期限普遍短于著作权的保护期限，例如，我国对出版版式设计权的保护期限是 10 年，远短于一般著作权 50 年的保护期限。考虑到人工智能呈几何倍数的发展能力，将这一期限定为 15 年以下甚至更短更为契合实际。

本章小结

当我们以发展的眼光来关照"人工智能"时，不难看出，"人工智能"在经历三次起伏之后，今天，正在以全新的姿态，往纵深处发展。而其对人类社会方方面面产生的影响也是极其深远的，乃至于，我们根

[①] 例如，《英国版权、设计和专利法》第 79 条第 2 款 c 项、第 81 条第 2 款规定计算机所生成之作品不适用人格权的规定。

本无法视"人工智能"的发展于不顾,也无法"小视"人工智能在任何一个方面的发展。因为这些发展,均有可能发展成为"奇点",对人类自身产生"威胁"。

作为"宇宙学的奇点",大多科学家认为它是宇宙产生之初,由爆炸而形成宇宙的那一点。在"人工智能"领域所提及的"奇点"则倾向于"人工智能"自身发展到某一个点,自成体系、自足发展、超越人类。面对未来,我们究竟该何去何从?整个世界都在思考这个问题!本章的前面几个部分,分别从:人工智能创作物的实质、"人工智能创作物"受现行版权法保护的可能性与人工智能创作物保护的必要性等问题,作了详细的梳理及论证。在此基础上,还对域外"版权法"(尤其是人工智能研究发达的国家)对人工智能创作物的处理方法进行了罗列分析。在此基础上,把目光聚焦在了我国将如何对人工智能创作物进行有效的版权保护问题上。

毋庸置疑,人工智能创作物对我国现有版权法的固有框架造成了一定的冲击。到底有无必要对现行版权法进行必要的调整,笔者建议可以对"人工智能"这一特殊的存在,另立法律或法规予以权利上的保护或制约。

第五章

人工智能时代对数据财产权的性质认定及其保护路径

人工智能的开发及其应用的程度，决定了今天我们所看见的这个世界的面貌。今天，我们所生活的这个世界，每一天都在发生着变化。唯一不变的是"数据"随处可见。这些数据，小到我们出门买份早餐，用支付宝或微信成功支付之后，留下的购买记录，大到我们的购房置业，在政府部门留下的相关个人信息等。数据无处不在，已然渗透到了社会发展的每一处角落，影响着个人、国家的方方面面。甚至于，时至今日，我们的思维方式也随之不断处于变化中。事实上，在"大数据"时代的今天，依托分布式计算架构的支撑、云计算的分布式处理、分布式数据库、云存储、虚拟化技术，我们不仅仅可以实现海量数据的存储，同时还能够实现对于数据的加工、衍生。这就为法律，尤其是产权法，提出了新的挑战与命题！

试问，当有了新技术为"大数据"保驾护航，数据的占有、转移从有形逐渐趋于无形，而且这种占有和转移已逐渐发展成为一种主流、常态，数以万计的"数据"都被"自动化"的置于"透明、公开"的状态中。那么，如果这种"透明化、公开化"，并非出于我们的"个人意愿"，在这种前提下，当我们的"个人数据"发生了泄露，我们该拿什么来保护自己的"个人数据"？如果"个人数据"被"商业用途"所垄断，我们又该如何维护本该属于自己的"个人数据权"？

在大数据时代，如何为各类数据做出合理的区分界定？又如何实现各类不同"数据"之间的转化利用？明确数据的产权归属问题，如果既要保护隐私又要促进发展，就必须对数据进行确权并构建完善的权利体系内容与完善的权利转移制度。

依据《民法总则》第 127 条所述：法律对数据、网络虚拟财产的保护有规定的，依照其规定。其中，对数据的保护做出了相应规定。如果我们将数据视为一种新型财产权，那么对"数据"保护本身就包含多方面的意义。它不仅涉及数据的保存，同时还涉及了数据的转移、利用、收益等关键性法律问题。

本章从时下"数据"的全方位蔓延，大数据的产生说起。首先对"数据""大数据"等重要概念进行了梳理分析；并在此基础上，从民法角度切入，将"数据"视为一种"新型财产权"；继而，对"在数据流通如此便捷、迅速的时代，如何保护个人数据""如何平衡私人隐私与公共安全"等问题进行了深入的探讨。旨在为人工智能时代的数据财产权予以合理的定性；也试图寻求"数据财产权"（尤其是个人财产权）的合理法律保护途径。

一、"大数据"魅影

有人说，21 世纪，人类已经向"数时代"迈进。我们生活的空间到处充斥着"数据"，被来自各个方面的数据包围。它们或来自于社交平台、或来自于购物网站、浏览器的搜索引擎……从"数据"发展到"大数据"时代，人类正在经历怎样的变化？在"大数据"大行其道的今天，我们应当如何看待其超强的影响力？要想找到这些问题的答案，就让我们先从"数据"本身入手进行分析吧！

二、"数据"者为何

"数据者，有广义与狭义之分。狭义的数据，就是数字或数值，如 1、2、3、4、5……；广义的数据，则可概括为人类观察、实验、计算等的记录。作为这些记录的符号，或数字，或文字，或图像，或音视频，从上古时代的结绳记事、楔形文字、甲骨文，到古代乃至现代以竹简、布帛、羊皮、纸张等为载体的图文，直至现在以比特为单位的电子信息，可谓无所不包。"

——《大数据主义》[1]

数据从狭义向广义延伸之路，何以如此畅通顺利？我们也许可以将此归因于互联网技术工程师们。正是由于他们（互联网技术的工程师们）总是习惯于将网络中、计算机内以电子信息方式存储的内容称之为"数据"。而在计算机内存储的内容，其范围可以说是极为广泛的：打开我们称之为 word 文档的软件，撰写一篇文章可以作为存储的内容；在我们的日常生活中，应景而生、形态各异的照片也可以作为存储的内容。诸如此类，不断延伸——"数据"的范围就被大大地拓宽了。这就是为何今天的数据，可以包罗万象、无所不包的原因。其范围包括数字、文字、图像、音频、视频等各个方面。

今天，随着互联网信息技术行业的不断发展，人工智能不断"进化"（尤其是"机器学习"与"深度学习"的逐渐产生），计算机及与其相关的软硬件设施、技术都得到了飞速发展，"大数据"随之产生、兴起了。大数据的崛起已然构成了"第三次人工智能浪潮"中最绚烂多姿的一个华章。

三、从"数据"向"大数据"的迈进

到底何为大数据呢？

我们先来利用互联网搜索引擎对此问题进行一下搜索！最终获知以下结果。

---

[1] ［美］史蒂夫·洛尔：《大数据主义》，胡小锐、朱胜超译，中信出版社 2015 年版，序 1 页。

大数据（big data，mega data），或称巨量资料，指的是需要新处理模式才能具有更强的决策力、洞察力和流程优化能力的海量、高增长率和多样化的信息资产。①

（所谓）"大数据"是指以多元形式，自许多来源搜集而来的庞大数据组，往往具有实时性。这些数据可能得自社交网络、电子商务网站、顾客来访纪录，还有许多其他来源。这些数据，并非公司顾客关系管理数据库的常态数据组。②

关于大数据的特征，按照目前比较流行的说法，即为 5V 特征：volume（大量）、velocity（高速）、variety（多样性）、veracity（真实性）、value（价值密度）。事实上，大数据 5V 特征的提出，也具有循序渐进性。这其中最为突出、最广为大众所接受的，同时也是最早提出的特征当属前三个。即为：volume（海量）、velocity（高速）、variety（多样性）。"3 个 V"概念可以追溯到 2001 年，当时 Gartner 公司的 Doug laney 首次阐明了这一定义。③ 所谓 volume（海量）是指数据量的大量增长；所谓 velocity（高速）指的是数据正在以前所未有的速度不断产生；所谓 variety（多样性）则是从数据的范围来说的，主要是指数据的包罗万象，丰富多样性。而后，IBM 又添加了一个 V（veracity，真实性），强调某些数据来源的不可靠。从此，"3 个 V"进化成"4 个 V"。④ 而"著名的数据服务器公司 Oracle 则对第 4 个 V 有着不同见解。（由此）而提出了 value，代表价值。"⑤

---

① "大数据摘"，https：//baike.so.com/doc/5374131-5610149.html，访问日期：2018 年 10 月 7 日。

② "大数据"，https：//baike.so.com/doc/5374131-5610149.html，访问日期：2018 年 10 月 7 日。

③ 毕马威中国大数据团队：《洞悉数据价值：大数据挖掘要案纪实》，清华大学出版社 2018 年版，第 3 页。

④ 毕马威中国大数据团队：《洞悉数据价值：大数据挖掘要案纪实》，清华大学出版社 2018 年版，第 4 页。

⑤ 毕马威中国大数据团队：《洞悉数据价值：大数据挖掘要案纪实》，清华大学出版社 2018 年版，第 4 页。

事实上，无论是 3V、4V 还是 5V 概念，都不足以涵盖今天大数据的丰富内蕴。简而言之，我们可以将所谓的"大数据"理解成为：是依托分布式计算架构的支撑、云计算的分布式处理、分布式数据库、云存储、虚拟化技术，而充分挖掘出来的一种"数据"信息。它具有 5V 特征。大数据的产生与发展，对今天的人类社会已经产生了无可估量的影响力。据相关调查显示："目前世界上 90% 以上的数据是最近几年才产生的。"① 甚至于，有预言称"这些产生出来的数据，有可能将成为'未来的新石油'"。②

种种迹象表明，一个全新的时代正在向我们走来。全球知名咨询公司麦肯锡由此而提出"大数据时代"，一个全新的概念。

麦肯锡称："数据，已经渗透到当今每一个行业和业务职能领域，成为重要的生产因素。人们对于海量数据的挖掘和运用，预示着新一波生产率增长和消费者盈余浪潮的到来。"③

大数据时代的到来，数据的膨胀、反应，已然在各行各业、各个领域掀起了一场革命！诚如哈佛大学社会学教授加里·金所说："庞大的数据资源使得各个领域开始了量化进程，无论学术界、商界还是政府，所有领域都将开始这种进程。"④ 甚至于在这个崭新时代，我们决策的方式也因此而发生了改变。"决策将日益基于数据和分析而做出，而并非基于经验和直觉。"⑤

---

① "大数据"，https://baike.so.com/doc/5374131-5610149.html，访问日期：2018 年 10 月 7 日。
② "大数据"，https://baike.so.com/doc/5374131-5610149.html，访问日期：2018 年 10 月 7 日。
③ "大数据时代"，https://baike.so.com/doc/5340323-5575766.html，访问日期：2018 年 10 月 8 日。
④ "大数据时代"，https://baike.so.com/doc/5340323-5575766.html，访问日期：2018 年 10 月 8 日。
⑤ "大数据时代"，https://baike.so.com/doc/5340323-5575766.html，访问日期：2018 年 10 月 8 日。

在此，我们已经看到了人工智能发展进入新阶段，技术工程师们依托技术所呈现出的"大数据"盛宴，所带给我们的巨大"收获"；也了解了社会学家、经济学家对此的卓越判断！诚如，《新一代人工智能发展规划》所提出的，在这一社会结构历经重要变革的时刻，"人工智能发展的不确定性（也将）带来新挑战"。我们要对在"人工智能"发展过程中，所产生的"冲击法律与社会伦理、侵犯个人隐私"的部分，予以高度重视："重视可能带来的安全风险挑战，加强前瞻预防与约束引导，最大限度降低风险，确保人工智能安全、可靠、可控发展。"①

关于大数据的例子，甚至可以从我们的日常生活中信手拈来。今天，我们每一个人的资源（也可以称之为个人信息）或多或少地都被掌握在了运营商的手中。这些运营商充斥在各个行业、各个领域。其中最为明显的例子莫过于：当你打开一个视频软件正准备欣赏一部电视剧或电影时，你会发现，播放框下方不远处，有一个叫作"猜你在追"的板块，正在等着你去浏览它。当你使用淘宝、当当准备购买一件商品时，也有一个类似的板块叫作"猜你喜欢"。这类板块的推出，便是一种大数据的典型应用。它是电子商务平台依据买家的喜好，通过对用户数据的分析、加工，衍生而得出的用户偏好数据。

根据上文的现象罗列，甚至可以说，正是因为"大数据时代"的到来，人类正在经历从"看到过去"到"未来预见"质的飞跃。

四、你出卖了你自己

今天的你，是如何进行每一天的日程安排的？早上唤醒你的是闹钟吗？还是你的手机？上下班通勤的途中，你会选择做什么？发呆、看书

---

① "新一代人工智能发展规划"，http://www.gov.cn/zhengce/content/2017-07/20/content_5211996.htm，访问日期：2018年10月8日。

还是选择刷手机？如果这一天恰巧是一个天气不错的周末，你正准备约上好友出门，你们又是如何联系的？打电话？在约定的地点等？还是通过"微信"时刻保持联系？

有了以上问题的答案。再回到上面提及的话题中去分析，不难看出，其实造成"信息泄露"的可能真的不是别人，而是你自己！

比如，当你使用手机设定好唤醒自己的时间，手机就会根据你的记录，分析出你每天的作息时间规律；当你在通勤路上，不断刷手机进行娱乐、消费的时候，你的浏览记录毫无疑问地会被保留下来。甚至于在你浏览的同时，这些 App 就会在"推荐板块"里呈现出你可能喜欢的商品、视频等供你再次浏览、娱乐、消费。

除此之外，还有"购买了此商品的顾客还购买到了这些商品"，恐怕是现在的各大购物网、购物 App 最为大家所熟悉的商品推荐系统了。数据的巨大价值及意义就这样被挖掘了出来。然而，此处，我们更关注：这些被深挖的数据，其权利归属问题。在此，我们需要对几个有关于数据的概念做一番梳理，以便后面的分析说明。上文中所深入提及的数据本身的概念、大数据本身的概念在此处不再进行重复说明，仅在比较时，如果涉及这些概念，一笔带过。

数据者，按照上文中所做出的概括，是人类观察、实验、计算等的记录。那么它与信息的差异，就显而易见。显然，不是每一条记录都可以作为一条信息来保存。但是信息必然是通过记录来实现的。

大数据，作为一种高速、海量存储的信息。其中必然包含着需要以 EB 作为单位进行存储的海量数据。那么，EB 又是一个什么样的存储单位呢？在存储设备里存储的容量，从低到高，分别是：千字节（KB，kilobyte）、兆字节（MB，megabyte）、吉字节（GB，gigabyte）、太字节（TB，terabyte）和 PB（petabyte）、EB（exabyte）。其换算标准是：$1KB = 2^{10} B$，$1MB = 2^{10} KB$，$1GB = 2^{10} MB$，$1TB = 2^{10} GB$，$1PB = 2^{10} TB$，

1EB = 2^{10}PB。2^{10}等于多少呢？2^{10} = 1024。如此往复，大数据，其容量到底有多大，自然是不言而喻的。

依托于网络而产生的如此浩繁的数据，通过存储、判断、再加工从而获得宝贵的价值，再变成新的数据、存储、判断、再加工……在周而复始的过程中，产生了"大数据"的价值。数据，果真像石油一样，通过提炼，从而产生了无可预估的巨大价值，最大限度地带来了机会。

然而，在此处，我们更关心的是，这些创造了利益、财富乃至于社会生产力的价值，其来源是哪？因为，从"数据是一种新型财产权的角度"入手，我们就不能不在乎这些财产的所有者在此过程中的权益保护问题。

五、谁动了我们的个人数据

个人数据的产权保护问题，也已经得到了有识之士的重视。

全国人民代表大会常务委员会委员、全国人民代表大会财经委副主任委员吴晓灵于 2016 年 7 月 10 日在"第一届中国金融科技大会"上讲话时特别强调："大数据应用：不能以牺牲个人数据财产权为代价。"他指出："数据能带来价值，是一种资产。明晰产权是建立数据流通规则和秩序的前提条件。数据所有权的基本原则是谁的数据归谁所有，没有任何主体指向的数据是公共资源。"[1] "大数据的应用和价值的挖掘，不能以牺牲个人数据财产权为代价。科技的发展、社会的进步，其终极目标是让人类更安全、更自由。保障数据主体对其数据的占有、使用、收益和处分的权利，必须是谁的数据谁做主。"

然而，属于我们个人的数据，我们真的可以"我的数据，我做主"

---

[1] 吴晓灵："大数据应用：不能以牺牲个人数据财产权为代价"，载《中国人大》2016 年 7 月 20 日。

吗？针对这一问题，只需看一看大数据在商业领域的"泛滥"，就可以知道答案必然是否定的。当我们处于无处不在的 WIFI 的时空模式之内，衣食住行，无一不与大数据产生一定的联系之时，我们很难再守住属于我们自己的数据。我们的隐私也因此而被泄露。我们去过哪里？买过什么？看过什么电视剧？在数据被存储之时，就已经在光天化日之下，在众目睽睽之下，被一览无余。一旦经过分析加工，这些数据被再次整合规划，便可产生无可估量的价值。同时，它们将再次产生作用，直接影响到我们每一个人的生活、行为。此时，你一定好奇，这一周而复始、循环往复的过程真的会发生吗？别急！让我们先来分析两个案例，它们分别来源于大家所熟悉的大众点评以及大家不是很熟悉但却很流行的 Facebook。相信看完对这两个案例的说明及分析之后，你一定会对刚刚的问题有所了解。

根据 2018 年 7 月《北京日报》刊登的《不能让个人隐私总被"大众点评"》所述："近日，有媒体发现，只要用微信登录大众点评 App，你对酒店、餐厅等地方的签到与点评信息，就会一股脑儿出现在好友面前，想删都删不掉。"[1]

文中继而对"这桩丑闻"进行了分析，称："随手打个卡、点个赞，吃住行踪就'大白于天下'，真是让人'细思恐极'。这桩丑闻，再次证明泄露用户隐私这个互联网行业的'明规则'仍在横行，且大有愈演愈烈之势。"[2]

而 Facebook，作为世界排名第一的照片分享网站，目前，每个月活跃用户达到 8.45 亿，是世界最大的由用户生产内容的网站。假设，"Facebook 平均每个用户每个月会创建 90 条内容（包括新闻、博客等）。整体上来看，每个月产生的内容（可）高达 300 亿条。根据（目

---

[1] 范荣："不能让个人隐私总被'大众点评'"，载《北京日报》2018 年 7 月 13 日。
[2] 范荣："不能让个人隐私总被'大众点评'"，载《北京日报》2018 年 7 月 13 日。

前）公布的数据推测，Facebook（目前所拥有的）数据量高达30PB"①。

据称，"（由）Facebook为用户提供类似'也许你还认识这些人'的提示，这种提示可以准确到令人恐怖的程度"②。请注意，上文两个案例中，纷纷出现了：（用户）打卡记录及（由用户）生产内容的这一表述。这句话充分说明了：用户的个人数据正在"裸奔"。虽然其产生的原因，有一部分必然要归因于用户自身的行为，看似是用户自己出卖了自己的数据。但是试问，在这样一个互联时代，我们能逃脱"互联网"的购物、出行规则吗？

所以，是时候对数据进行立法保护和规范了！这句话包含两层含义：即对个人数据的立法保护及对商业数据的立法规范。《促进大数据发展行动纲要》③明确提出"积极研究数据开放、保护等方面制度"，以及"研究推动数据资源权益相关立法工作"。

全国人民代表大会代表和全国政协委员纷纷提议对信息安全要予以充分关注。关于这一点，除了上文提及的全国人大常委会委员、全国人大财经委副主任委员吴晓灵曾提出相关的倡议以外，全国政协委员、中国联通研究院院长张云勇也在2018年8月30日的《人民政协报》发表评论文章，题目为：《让信息安全为大数据发展保驾护航》。文中指出："大数据时代的到来，极大促进了当今社会的发展，在与传统行业融合过程中催生了新的产业与商业模式。大数据不仅能创造巨大的物质财富，还能创造丰富的社会价值。当前，海量的交通数据、社保信息、消费记录、地理信息等数据掌握在政府、运营商、互联网等机构手中，未来将会成为解决交通拥堵、雾霾、看病难、食品安全等问题的重要利器，也将成为政府了解民意，提高民生的重要途径和手段。尽管大数据

---

① ［日］城田真琴著：《大数据的冲击》，人民邮电出版社2013年版，第3页。
② ［日］城田真琴著：《大数据的冲击》，人民邮电出版社2013年版，第3页。
③ "促进大数据发展行动纲要"，载http：//www.gov.cn/zhengce/content/2015－09/05/content_10137.htm，访问日期：2018年10月10日。

背后蕴藏着巨大潜力，但也给个人和企业的信息安全带来巨大风险，当前日益突出的大数据信息安全问题成为大数据产业发展的主要障碍。"①

由此，我们不难看出，大数据时代的到来，海量数据的产生及其处理，如同一把双刃剑，让我们置身于这个"最好"也是"最坏"的时代！所谓最好，其核心无非是"共享"二字。而所谓最坏，其核心点也是"共享"二字！"共享"作为现代社会开明、开化的标志之一，极大地推动了今天社会的发展。但是，如此大规模的、无底线的数据的共享，势必会导致个人信息被肆意泄露。

个人数据频频失守，我们到底能拿什么来拯救我们的个人数据（私人信息），是时候采取行动了！

六、神奇的5W原则

既然要采取行动。那么采取行动的对象是谁？由谁来采取行动？行动最终要达到什么目标？行动的策略、方针等都需要事先做好调查、分析、研究，在此基础之上做好规划及安排。美国学者 H. 拉斯维尔曾提出一个原则，被称之为"5W原则"。

这五个 W 分别是英语中五个疑问代词的第一个字母，即：who（谁）、says what（说了什么）、in which channel（通过什么渠道）、to whom（向谁说）、with what effect（有什么效果）。

落实到大数据时代个人数据（个人隐私）该如何保护问题上，我们发现同样适用。其对应关系大致如下：

to whom（向谁说）= 向谁采取行动；

who（谁）= 谁来采取行动；

says what（说了什么）= 如何采取行动；

---

① 张云勇："让信息安全为大数据发展保驾护航"，载《人民政协报》2018 年 8 月 30 日。

in which channel（通过什么渠道）＝行动的策略、方法等；

with what effect（有什么效果）＝最终起到的效果。

下文将在 5W 的基础上，对个人数据保护问题进行详细拆分。

（一）To whom（向谁说）＝向谁采取行动

关于本问题的回答，我们可以先从"to whom（向谁说）＝向谁采取行动"说起。即从个人数据的可能泄露源着手进行分析。经过调查研究及分析，我们发现，目前造成个人数据泄露的原因除了很大程度来源于商业途径以外，还有两个可能的渠道，分别是公共领域与金融领域。

这三种不同的渠道记录、保存、再加工，最终使得个人数据流转的目的虽有交集，但却不尽相同。在商业领域，其最终目的还是为了盈利，获取更大的商业价值。他们在对个人数据加工、处理的过程中，可预测出消费者的个人喜好，进一步知道消费者的市场需求，在此基础上对消费者进行针对性的营销，从而获取自己的商业目的。

在金融领域的个人数据，主要包括交易数据、信用记录。对其二者的记录及分析、处理，则更多有利于金融机构对金融市场的整体把握，由此而对其自身的风险控制创造有利条件。

而在公共事业范围内，个人数据的流转则更倾向于大数据的建立，从而实现某个地区内的相关数据、信息的共享，它将对社会的发展起到积极的影响。

既然个人数据泄露的出处主要来源于以上三个方面，那么，其风险也必然主要来源于此。

（二）Who（谁）＝（应该）由谁来采取行动

基于种种因素的综合考虑。这一问题的解决者，或许可以考虑以下两个主体共同采取行动：一是，政府相关部门，即政府相关部门出台相应的规章制度予以提供保障，同时予以有效的监管，出台监管措施，为个人数据的"大数据化"保驾护航；二是，平台的运营方，即平台的运营方也要自觉地遵守相应的规章制度，在可控的范围内，适度使用个人数据，以确保个人隐私权的保护和尊重。

（三）In Which Channel（通过什么渠道）＝行动的策略、方法等

包括两方面内容：一是政府相关部门出台相应的规章制度予以保障，同时出台相应的监管措施予以有效监管，为个人数据的"大数据化"保驾护航；二是，平台的运营方要自觉地遵守相应的规章制度，在可控的范围内，适度使用个人数据，保护和尊重个人隐私。

（四）Says What（说了什么）＝如何采取行动

既然在前文中，我们已经对行动的主体、对象及策略、方式都进行了说明，且前文多次提及"个人数据权"作为一种新型的权利，应当在各个方面予以合理的立法保护，那么，到底应该如何立法，就成了重中之重。

（五）With What Effect（有什么效果）＝最终起到的效果

如何将相关立法以及制度规范与人工智能的发展进行有机衔接成为问题的关键。也就是说，法律在给人工智能的发展提供保障的同时，还要确保人工智能给人类带来的是福祉，而不是危害和不确定性，要使人工智能在法律控制的范围内定性发展。

如果"数据"被认定为一种新型的财产权，那么在这一说法的基础上，我们就该为"数据财产权"寻求法律上的理论和依据。我们就应该在"人工智能赋能新时代"的今天，对人工智能发展的不确定性，

以及对自然界和人类社会所带来的挑战，加强前瞻性的研究和哲学层面的反思。

七、推进对新问题认识的途径

为此，（我们）特地找到了一些对"数据财产权"保护模式的域外资源，以作借鉴分析，并进一步推进我们对新客体的认识。

毋庸置疑，对于"数据"这一新客体的认识，美国和欧盟是走在最前面的。从20世纪末，以欧盟及其成员国、美国、日本为代表的科技强国（地区），就已富有前瞻性地发现了这一新问题、新挑战，并相继制定个人数据保护法予以积极地应对。据不完全统计，截至目前，拥有个人数据保护法的国家或地区已经有60多个。

（一）早期个人数据保护立法的典范和先驱——欧盟

欧洲各国自20世纪70年代起，就踏上了一条对个人数据立法保护的探索之路！据相关资料显示，20世纪70年代，欧洲各地以个人数据为保护核心的相关法律法规林立，呈现出纷繁的状态。这一状况直至20世纪90年代才发生转变。

1995年，为了统一各成员国的法律，欧盟颁布了《欧盟个人数据保护指令》，以此作为所有欧盟成员国必须遵守的个人数据保护和流动的准则。但同时允许成员国依据自身情况，施行合标准的规则。该指令的颁布，被后世称为开数据保护法律法规方面之先河，具有里程碑意义。其基本原则被包括欧盟各国在内的许多国家、地区所沿袭和发展。"《欧盟个人数据保护指令》共7章、34条，规定了立法宗旨、适用范围、关于个人数据处理合法性的一般规则、司法救济、向第三国传输个人数据、监管机构、执行措施等。"① 该指令包括多个方面的具体权利及其相关义务，且分散在各个章节的不同地方，共同作用于个人数据的保护问题，具体包括：个人数据的处理及其限制、数据主体权利的分配、数据质量的规范、数据的安全保障等方面。

不可否认，1995年《欧盟个人数据保护指令》的颁布，标志着欧盟建立了历史上第一个统一的个人数据保护制度。它的实施，使得个人数据得到了极其有效的保护；同时，它还对其他国家"个人数据保护"的立法工作起到了很好的示范作用。然而，正如约瑟夫·斯皮尔在《宇宙蛋壳的裂缝》中所述：

> 所有的逻辑体系，无论东方的还是西方的，科学的还是宗教的，循环的还是直线的，都发端于对实质的结构方式的分析。②

这个世界每天都在发生着变化。尤其是到了21世纪，科技革命的浪潮此消彼长，一部产生于20世纪互联网刚刚兴起的90年代的法律，无论在当时看起来多么具有前瞻性和典范性，它也不能安全适用变迁后的时代。

想来应该也正是基于这一重要的原因，2016年4月27日，欧盟通过了《通用数据保护条例》。该条例经两年过渡期后正式取代1995年颁布的《欧盟个人数据保护指令》，于2018年5月25日正式生效。《通用数据保护条例》的出台标志着欧盟个人数据保护在立法方面又与时俱进地向前迈了一大步！

这里，需要特别指出的是，1995年的《欧盟个人数据保护指令》第一条明确规定："为与本指令相一致，成员国应当保护自然人的基本权利和自由，尤其是与数据处理有关的隐私权。"

---

① 《个人数据保护：欧盟指令及成员国法律、经合组织指导方针》，陈飞等译，法律出版社2006年版，第27页。

② ［美］波西格诺：《法律之门》，邓子滨译，华夏出版社2007年1月版，第13页。

不难看出，最早建立个人数据保护立法之时，指令保护的首要权利对象是"隐私权"。

而与之相比，《通用数据保护条例》第一条明确规定了其保护的首要权利，为："本条例保护自然人的基本权利和自由，尤其是他们的个人数据保护权（their right to the protection of personal data）。"

由此可见，从《欧盟个人数据保护指令》到《通用数据保护条例》，数据权利的地位得到了极大的重视及提高。而《通用数据保护条例》从颁布到正式生效，对数据产生了极强的约束力、控制力。从而对数据的所有权人和使用者分别产生了一定的保护作用及约束力。还记得弗兰茨·卡夫卡的《法的门前》这则故事吗？无数人想要踏入"法的门前"觐见"法"，但是"守门人"把那些不符合觐见条件的，一一拒之门外，只为那些符合要求的敞开大门。"守门人"如此幸运，以至于能成为"法"的守护之人。我们甚至于无法怀疑他，因为怀疑他就等于怀疑法本身。法律之门对"数据"敞开之时，同样设了"守门人"。一方面，"数据的所有者"由此而得到了觐见的机会，得到了法的庇护；另一方面，"数据的使用者"如果要想得到觐见"法"的机会，得到"法"的庇佑，则不得不谨小慎微！

（二）来自美国的回应

无独有偶，美国作为另一个最早对个人数据权利立法保护的国家，也于20世纪70年代完成了对个人数据权利立法的落地。1974年，美国通过了《联邦隐私权法》，该法律被视为是美国"个人数据权"保护立法的最早探索。如果此时的你恰巧有兴趣试图将产生于英国的《欧盟个人数据保护指令》与眼下正在分析的《联邦隐私权法》进行对比，你就会发现一件很有意思的事情：无论是产生于美国的这部《联邦隐私权法》，还是1995年欧盟颁布《欧盟个人数据保护指令》时所明确保护的首要权利"隐私权"，二者均强调了"隐私权"。

而后，在漫长的岁月演变的过程中。二者因其环境、立法准则、价值观念等各方面的差异，最终造就了在"个人数据立法保护"问题上侧重点的巨大差异。

一是，二者在立法关注的侧重点上产生了分歧。欧盟发生了由最初重视对"个人隐私权"的保护进而转向对"个人数据权"保护的转变。而美国在"隐私权"方面的保护，自上而下，自始至终，从未发生过本质改变。

二是，二者在立法、执行手段上产生了较大差异。欧盟从最初《欧盟个人数据保护指令》的通过到最新的《通用数据保护条例》的实现，无一不是通过统一立法的形式设立国家层面的专门委员会来执行完成。而"美国个人数据保护制度是在关于隐私权的判例法的扩张及部门单行成文法的制定中逐步建立起来的"。所以，二者具有本质区别。

欧盟在对个人数据立法保护的过程中，其关注的核心由最初对隐私权的高度注重最终转移到了个人数据本身上来了。有关于这点由上述所列事实可见一斑。

与之相较，美国对于"隐私权"保护尤为重视，一直延续至今，从未发生过根本性的变化。甚至于，在法治体系上也是如此。对于"个人隐私权"的保护，美国可谓是自上而下的。首先是在基本法层面上予以了明确。据有关资料显示：1979年，美国将《联邦隐私权法》编入了《美国法典》第五编"政府组织与雇员"，形成第552节，将个人数据隐私保护提升到了基本法范畴。

其次，在专门的相关领域，美国还制定了各类专门的法案予以确定"个人隐私"的不可侵犯性。具体包括：

电信领域的隐私保护。1986年，美国通过了《联邦电子通信隐私法案》；其后，又于1996年通过了《电信法》。前者强调的是在电子商务领域的隐私保护；后者则保障了个人的通信隐私不被泄露。

未成年人的隐私保护。有调查研究表明，美国对于未成年人的隐私保护也是十分成熟的。据悉，"美国于1988年（曾）通过了《儿童网上隐化保护法》（COPPA），该法在2000年4月21日正式生效，（该保护法）以较为严苛的条款在较高程度上保护了未成年人个人数据隐私安全"[1]。

直至第三次人工智能浪潮席卷全球，人类迈进大数据时代。美国仍在不遗余力地为推进个人隐私安全的保护做积极的努力和贡献。据称，2012年，《消费者隐私权法案》正式颁布。这一法案的颁布、执行极大地保护了消费者的个人隐私权。

这一区别极好地说明了，法律的制定不会也不能离开其生存的土壤。同样是针对个人数据权利的保护，产生于欧盟的与产生于美国的法律法规却同中求异，异大于同。

八、我国个人数据保护法规、政策建立现状的观察思考

我们都需要地球，都有大量的愿望和要求需要满足。我们有那么多人，但却只有一个地球。每个人的愿望不断地与邻人相冲突或者相重叠。因此，不妨说这是一个任务艰巨的社会工程，它的任务是创制维持生存的物资和满足人们愿望和要求的手段……这就是为什么我们说法律的目的在于正义。我们不是说正义是一种个人美德；我们也不是说正义就是人们之间的理想关系。我们说的是一种政体。我们是说这样一种关系的调整和行为的规制：是维系生存的物质成为满足人类享有物质和采取行动的主张的手段，在最小摩擦

---

[1] 王忠：《数据时代个人数据隐化规制》，社会科学文献出版社2014年版，第41页。

与最少浪费的情况下，尽可能人人有份。

——罗斯科·庞贝[①]

时至今日，当网络世界、人工智能、现实世界不断实现交互连接之时，数据资源的交换堪比另一种形式的"维系生存的物质"。我们到底应该如何建立一种新的规制，尽可能地在保持公平、正义的基础上，减小摩擦、实现资源最大化利用，这一问题已经得到了全世界的普遍关注。聚焦个人数据的立法保护，中国采取的政策又是怎样的呢？有无相应明确的法规出台、落地？

为了对此问题进行更好地分析说明，我们特地搜集整理了我国在"个人数据"保护方面所做的法规制定或政策制定上的努力。

初步发现，我国目前针对个人数据的保护，似乎尚未有专门立法。相关规定分散于我国现行的法律政策之中。涉及私人领域及公共安全领域的各种规范制度，包括身份证、社会保险、消费者权益等方面的相应法规、制度均已出台。

我国在个人数据保护方面的举措、政策，包含于我国现行的法律、法规制度当中，受到了包括文化、价值观等多方面因素的影响及制约。可以说，这一现状，也将深刻影响着我国关于个人数据保护立法的未来发展。

继而，我们发现，从专门政策法规的角度介入，目前已经引起广泛反响的是产生于2006年的《中华人民共和国个人信息保护法（专家建议稿）及立法研究报告》。

该报告的出台，可谓是应时而生。其独特性有二：一是，它的出台，可谓在万千期待中，集多位法学专家的智慧于一身。该报告具有较强的权威性，因为它是受国务院信息办委托、由中国社会科学院法学研

[①] [美]波西格诺：《法律之门》，邓子滨译，华夏出版社2007年1月版，第123页。

究所个人数据保护法研究课题组撰写完成的。其次,报告中提出的几个主要观点,虽然提出的时间较早,但是对现在所存在的问题仍然具有重要的启发意义。

这些观点包括:

一是,报告中对"关于法律的名称与主要立法模式"提出了探讨说明。在此基础上,还对适用于我国国情的"个人信息"的命名等各方面做出了详细确切的说明。报告提出:据不完备统计,世界上制定了个人信息保护法律的国家或地区已经超过 50 个。就法律名称使用的概念而言,主要有三个,分别是"个人数据""个人信息"与"隐私"。概念的不同主要是源于不同的法律传统和使用习惯,实质上并不影响法律的内容。对于名称问题,专家建议稿采用的是个人信息概念,而不是隐私或者个人数据概念。①

二是,该报告涉及了关于权利的性质与立法的依据。在专家建议稿中,根据国际社会的普遍经验和法律规定的内容兼及政府机关与其他个人信息处理者的实际,个人信息权利被当作一项宪法基本权利对待,并且,其第 1 条明确规定了该法的立法依据是宪法。这种处理方式既体现了个人信息权利作为一项新型权利的特点和内在要求,也有利于相应的后续信息化法律制度建设。在我国《宪法》中,可以直接作为该法依据的条款包括第 38、39 条和第 40 条。另外,诸如《宪法》第 41 条、第 47 条、第 51 条和"宪法第 24 条修正案",则可以作为该法的间接依据。②

同时,报告中还对制定个人信息保护法的意义进行了说明。其中包括确立个人信息保护制度是保护个人权利的需要;确立个人信息保护制

---

① 周汉华:"对《个人信息保护法》(专家建议稿)若干问题的说明",载《中国科技法学年刊》2005 年第 1 期。
② 周汉华:"对《个人信息保护法》(专家建议稿)若干问题的说明",载《中国科技法学年刊》2005 年第 1 期。

度有利于促进信息的共享与自由流动。① 在此，我们也注意到，个人数据（财产权）在我国的立法保护之路，似乎也与"隐私权""个人信息"等密切相关。

中国首次明确提出并确认"隐私权"的法规是 2009 年的《侵权责任法》。《侵权责任法》于 2009 年 12 月 26 日通过，自 2010 年 7 月 1 日起正式施行。该法在第一章第二条明确提出了"隐私权"：

> 第一章　一般规定
>
> 第一条　为保护民事主体的合法权益，明确侵权责任，预防并制裁侵权行为，促进社会和谐稳定，制定本法。
>
> 第二条　侵害民事权益，应当依照本法承担侵权责任。本法所称民事权益，包括生命权、健康权、姓名权、名誉权、荣誉权、肖像权、隐私权、婚姻自主权、监护权、所有权、用益物权、担保物权、著作权、专利权、商标专用权、发现权、股权、继承权等人身、财产权益。②

该法将其划分至一种民事权益，视为是一种人身、财产权益。

诚然，数据权是由数据人身权和数据财产权构成的权利集合体，它就必然包含人格权与财产权自身所包含的多项具体权利。

"法律上的权利义务必有其主体，亦必有其客体。主体为权利义务之所属，客体为权利义务之所附；主体非人莫属，客体则依权利的种类不同而不同。数据权利的成立应有其主体和客体，其主体是公民、法人，或其他社会组织；客体是数据。客体'数据'是否具有权利客体的特征决定了数据权利是否成立，数据的自然属性决定了其产生的民事

---

① 周汉华："对《个人信息保护法》（专家建议稿）若干问题的说明"，载《中国科技法学年刊》2005 年第 1 期。
② "中华人民共和国侵权责任法"，http://www.gov.cn/flfg/2009-12/26/content_1497435.htm，访问日期：2018 年 10 月 19 日。

权利的属性和与其他民事权利的区别。"①

事实上，这些包含个人隐私的信息安全，不仅关乎个人的人身、财产权，从更高层面去分析，它还关乎国计民生以及整个社会的发展与稳定。所以，在"大数据"大行其道的今天，我们确实要思考这样一个问题：时至今日，面对"数据挖掘"之战愈演愈烈，我们所采取的行动，如何才能顺应这个时代的发展需要；同时还要能使我们的个人数据（财产权）得到切实的保护！这才是我们将包括个人数据在内的数据作为一种新型的财产权予以立法保护的初衷。这样一个初衷一定要以一种达到彼岸的方式来完成，即为行动的目的一定要引向一个可期的结果。

实际上，单从"个人数据保护"字面意义来探究，具体所指为：保护的就是数据的拥有者（个体）在信息时代下的新权利。我们注意到在信息时代的最初发展阶段，彼时，还处于传统信息社会与发达信息社会的转型期，所谓个人数据主体与数据二者之间所产生的权利义务关系，还是比较简单的。但是，随着信息技术的发展，尤其是大数据狂潮席卷而来，个人数据保护所面临的立法问题变得越来越复杂。所以，在此我们以个人数据权利所拥有的特征为出发点，推导出在个人数据保护过程中，可能出现的结果，并以此作为依据，来思考其对社会发展所起到的推动作用。在此，我们首先要对个人数据权利的特征进行认定。我们认为，源自个人数据本身所具有的复杂内涵，所以，其特征必然是复杂的，涵盖面是广泛的。对此，中国政法大学互联网金融法律研究院教授李爱君曾做出以下诠释：

> 数据权利由于其结构的客体的自然属性的不同，数据民事权利是一种新型的民事权利，有财产权、人格权和国家主权的特征。财

---

① 李爱君："数据权利属性与法律特征"，载《东方法学》2018 年第 3 期。

产权是以财产为客体的权利。其特点是权利直接体现经济价值和权利可以转移。根据财产权的概念，如果数据权利具有经济价值、权利可以转移和以财产为客体就具有财产权属性。数据如具有姓名权、肖像权、名誉权、荣誉权、隐私权的内容就具有人格权的属性。一国的数据立法及政策是国家独立自主处理内外事物的表现。[1]

这一将数据民事权利划分为财产权、人格权与国家主权三种的方式，我们认为具有一定的参考价值。

财产权、人格权及国家主权作为数据民事权利所牵涉的三个重要方面，对三者的保护缺一不可！

在对个人数据所具有的民事权利进行必要的划分梳理之后，我们可以在下文中展开对"如何保护关于数据权利的问题"的讨论了！

所谓数据权利是指：主体以某种正当的、合法的理由要求或吁请承认主张者对数据的占有，或要求返还数据，或要求承认数据事实（行为）的法律效果。[2]

有关于这一问题的探讨，我们将从一个数据管理系统的建设讨论开始。

个人数据到底应该由谁来做主？这个话题可以换种说法，即为：个人数据一旦流入（数据）市场的掌控问题。要解决这个问题必然首先弄清楚，个人数据究竟是如何流入市场的？

目前，个人数据在市场上流通最大的可能性是通过各种平台。依托平台内所包含的个人数据管理系统，你的数据逐渐变成了一个个"隐形的、可以兜售的商品"。如是说来，归结到源头处，我们就从个人数据管理系统开始，追根溯源，看看到底能不能实现"我的数据我做主"。

---

[1] 李爱君："数据权利属性与法律特征"，载《东方法学》2018 年第 3 期。
[2] 李爱君："数据权利属性与法律特征"，载《东方法学》2018 年第 3 期。

根据调查研究显示，我们发现，传统的个人数据管理系统（平台），普遍来说，均是以用户/便用者为主导而进行设计的。它必然会导致一个现象的产生，即：其数据的占有和使用将偏向于使用者。如此，如果我们反其道而行，是否可行呢？即：通过改变数据管理系统的设计规则，由个人数据主体进行授权管理，是否可以达到保护个人数据所有者合法权益的目的？关于这个问题的答案，我们将在下文中作具体分析。在此，我们认为，如若这一说法具有可操作性，并付诸实现了，那么，其结果，必然导致一种新的商业规则的产生。

试想，我们在设计之初就将一个数据管理系统（平台），定位为由个人数据主体授权进行管理的系统。这一做法是否可行？假定这一设想可以实现，那么在此基础之上，这一个数据所有者为主导的管理系统，就可以实现个人数据主体的授权管理。即：个人数据的主体有权根据其自我主体意志来管理其数据，其有权占有自己的数据。

但是这一设想是否真的可以。答案是单从数据资源平台的设计、开发的角度来说，这一设想实现的可能性很小。因为一个平台管理系统的设计、开发，必然包含多方面的因素考虑。首先，会产生相应的需求分析；并且整个平台管理的核心往往是建立在用户交互体验者的基础之上的。比如，我们准备设计一个数据库，那么，在开发的时候，必然会先对相应的角色予以定位。如是，平台的使用者就可以根据不同的权限划分，享有该平台内相应的数据。由此可见，大多数的数据管理系统，自其开发时起，其数据的使用、管理权均已基本被设置好了。

而且，对于数据支配的强烈欲望是否具有可行性的判断，还涉及如果数据所有者真的有权利根据自我意志来管理自己的数据，即，每个个体作为其个人数据的所有者，他是否会以一种适应数据市场流转的方式来支配自己的数据？其前提在于，在数据市场中数据是否还充当一种独立的角色？是否会发生个人数据所有者依据自己喜好随意甚至恶意支配自己数据的可能性？如果这种可能性发生了，那么前文所提及的"主体以某种正当的、合法的理由要求或吁请承认主张者对数据的占有"这一法律效果何以真正得到实现呢？所以，以上设想，我们需要慎重考虑！

与之相关的话题还包括，我们能否对一个数据库的责任人进行一定的行为规范？目前看来，这一问题的解决似乎也有待于寻求一个更为有效的方法。因为，一个数字化平台的建设（包括数据库），从需求的提出到开发建成，最起码会涉及三方：开发方、运营商及使用者（即用户）。那么，在数据交互的过程中，势必会产生责任人认定的不确定因素。也就是说，我们似乎很难对一个数据化平台（数据库）的责任人予以明确的认定！它也有可能会导致一种情况的产生：即便立法，我们仍然无法对其中的任何一方进行责任人的认定及监管。

再来讨论一下由个人数据流入数据市场所产生的人格权的侵犯、保护问题。在调查研究中，我们发现由于数据流通所产生的人格权的侵犯，最为明显的体现即为个人隐私（包括个人信息）的泄露，屡屡发生。上文中所提及的大众点评案例即为一个典型案例，除此之外，满目望去，这样的事件时有发生，比比皆是。乃至于似乎个人数据的"裸奔"已经成为当下社会的一个常态。

结语　思考人工智能

> 怪圈：由一个恒定定律的阐述，而引发的对人工智能的另一种解读方式。
>
> 怪圈，或缠结的层次结构，（这）是对有关层次系统和自指的许多思想的一个综合性总结。设计了当系统转向自身时所引起的一个综合性总结。涉及了当系统转向自身时所引起的缠结现象——例如，科学探究科学、政府调查政府的过错、艺术地违反艺术规律，以及人类思考其自身的大脑和心智。
>
> ——《歌德、艾舍尔、巴赫——集异璧之大成》[1]

所谓人工智能，似乎与生俱来就与数学、计算机等领域有着极为密切的关系。所以，当我们谈及"何为人工智能"这个问题的时候，数学家、计算机领域的专家似乎更有发言权。而他们对此问题所贡献的答案也似乎从未离开过技术科学本身。事实上，对于人工智能概念及定义的解读似乎也可以换一种思维方式，将其置于人文科学的范畴上，尝试予以解读。本书从哥德尔不完备定律开始，由对这一恒定定律的阐述，进而衍生，从而引发出人工智能的另一种解读的可能性。由此，人工智能的另一面便在我们面前缓缓揭开。

从科学技术的角度出发，日益发展的"人工智能"使得今天的计

---

[1] [美] 侯世达：《哥德尔、艾舍尔、巴赫——集异璧之大成》，商务印书馆1996年版，第28页。

算机所能完成的工作已经复杂到让人觉得不可思议的地步。甚至连"人工智能"设计、制造者本身都不得不因此而对是否会产生另一种"思维生物"而产生敬畏之心。那么，回到"人工智能究竟为何"这个元话题本身，人文主义者给出的答案是否会流光溢彩，与众不同呢？答案不置可否！

我们只知道，身为人文学科的研究者，我们更倾向于从"心智"的角度去评估人工智能。具体展开就是，人工智能实现的程度，我们很大程度上会依托其在心智、思维、意识等方面的发展程度上去展开探究。同时，我们还倾向于用一种看似不确定，但是却包含了这个世界本源和实质的词汇去分析"人工智能"。

例如，"人工智能是尚未做到的东西"，它需要提取各个领域智慧的精华，包含面广泛。如若在这一点上，"人工智能"无法实现，那么，它是否会因此而陷入无望的困境？如是这般，最终汇聚到一起，形成的一个富有建设性的问题便是符合缠结的层次结构的一个怪圈的产生：人类用自己全部智慧创造出来的这个"人工智能"或说"人类智慧"的影子是否会实现超越，在此基础上，再造一个比它自己还要聪明的"智慧生物"。

由此，我们想说点题外话，来引发读者更广泛的共鸣！

（一）"影"——"自我"与"本我"的纠葛

2018年国庆期间，华语电影向观众呈现了两部大片，一部是张艺谋的《影》，第二部是《无双》。抛开其他因素（包括构图、情节等）不说，单说这两部电影的主题与中心思想，似乎都揭示出一个主题，即为（主）人（公）与影子的关系。

好像人类很喜欢与影子打交道，他们不仅喜欢顾影自怜，还喜欢制造一个影子（无论是表象的还是内心的）与自己相伴永远。

这在电影《无双》中表现得尤为明显。无双，一般会被解释成为盖世无双，独一无二。可纵观这部电影，深谙其意的观众，会解读出《无双》中的无双是非此即彼的存在。它包含了一个很深的隐喻：

"画家"（后被证实即为拥有神通广大"本事"的李问）与李问（胆小、懦弱、纠结）的境遇对峙、情感纠葛，二者此消彼长。当具有神通广大能力的"画家"将香港警方玩弄于股掌之间时，那个胆小、懦弱的李问却在接受审问。

在李问情感纠葛的过程中，与真假阮文之间的扑朔迷离关系，也构成了无双的重要面向。

最终，集这两重矛盾于一身的李问，终于难逃法律的制裁。在一片爆炸声中魂飞魄散了！

那么，此时，一个重要的问题由此而产生。

依据《无双》的电影情节，我们不难看出：无论是真假李问（画家）还是真假阮文，都源自于李问本人的心里臆想及根据臆想而制造出来的。它所牵涉到的仅仅是依据弗洛伊德学说所涉及的"本我与自我"之间的斗争。而"假阮文"也只不过是在李问操控之下的真阮文的一个替身。即便是愤怒，最终也只是在爱欲的操控下，选择与"画家"（李问）同归于尽了！

我们不妨将这个故事再往前推进一下。当"假阮文"不再甘心于只是男主角聊以自慰的替身时，而自我能力又在不断的训练过程当中，不断壮大到一定程度的时候，故事又会如何发展？

关于这个故事的进展与结局，似乎《影》的诠释，再好不过了！都督子虞与替身（影子）境州之间的恩怨纠葛及其结果，恰巧说明：当一个"影子"通过不断的学习、训练，在自我提升的过程中，练就了可以"超越"制造者（都督）的能力时，最终只能导致恶魔的降临！这可以被视为是某一个人其自身"奇点"的发生吗？

如果可以的话，以此来观照"奇点"效应，其结果似乎真的是悲观的！

但是，且慢！因为我们在探讨"奇点"发生的结果问题之时，使用了一个前提：如果。那么这个前提到底会不会发生？如果会发生，到底是什么时候发生？以何种方式发生？

目前，对于这一问题的主流看法是：现在谈及人工智能的"奇点"，尚且为时过早。"人工智能"目前还处于"弱人工智能"时代。

而斯蒂芬·霍金对"人工智能"的态度则值得我们深究。因为这一态度或许可以更理性地牵引着我们迈向更美好的未来。

据报道，霍金在2017年11月出席了葡萄牙里斯本举行的Web峰会技术会议并发表演讲，称：理论上，计算机可以模拟人类的智慧，并超越它。未来是不确定的。

"成功创造出有效的人工智能可能是我们文明史上的最大事件，或者说是最坏的事件。我们只是不知道。因此，我们无法知道我们是否会得到人工智能的无限帮助，或者被它忽视，或者被它摧毁。"

"除非我们学会如何做好准备并避开潜在风险，否则人工智能可能是人类文明史上最糟糕的事件。它带来了危险，比如强大的自动化武器或者少数人压迫多数人的新方法。它可能会给我们的经济带来巨大的破坏。"①

（二）由哥德尔不完备定理引发的思考

其实，关于"人工智能"之于"人类智慧"这一话题的讨论，迄今为止，从未停止过。

回到2017年AlphaGo与人类的那场著名的人机大战当中来。历经

---

① 霍金："人工智能可能是人类文明史上最糟糕的事"，http://tech.qq.com/a/20171107/051605.htm，访问日期：2018年10月15日。

数次拼杀，最终 AlphaGo 以强者的姿态胜出，所向披靡，引起了轩然大波，甚至于已然超出了人类情感所能接受的范围。为何？究其根本原因还是在于人类认为这是人工智能对人类智慧的巨大挑战。人类通过自身智慧创造出的"新型智能"居然将自己打败了。而人类却沦为了"人工智能"的战利品！这是何等的耻辱！

如此说来，我们确实需要深入探究，思索这样一个问题：这一输赢是否真的说明人类智慧已经是"人工智能"的手下败将了？即：人工智能已经超越了人类智慧？

其实，人类大可不必为此而恐慌！因为，早在 20 世纪具有超前意识和创新精神的科学家们开始探究："我们得把大脑模拟到什么精度才算实现了人工智能？"之时，人工智能在弈棋（以及与之类似）方面的能力就已得到了认同！机器棋手（人工智能）的水平：假以时日，通过符号、运算的程序（就）可以与人类对手不分伯仲甚至超越人类。

在 20 世纪 90 年代，侯世达教授就在其极负盛名的著作《哥德尔、艾舍尔、巴赫——集异璧之大成》中提及这样一个话题：

玩好跳棋的能力是否足够成为智能的指标？如果是，那么人工智能就已经存在了，因为下跳棋的程序是世界第一流水平。或者，智能是不是一种像大学一年级微积分课程中用纸笔求函数积分的能力？如果是，那么人工智能就已经存在了，因为符号积分运算的程序在大多数情形已战胜最好的业余棋手了，而且机器棋手的水平仍然可以继续改善。

那么，问题还是："我们得把大脑模拟到什么精度才算实现了人工智能？"

侯世达教授所倾向的答案是：这完全依赖于你想要模拟人类意识的多少特征。

由此，人类意识这个具有重要意义的指标便完全浮现出来，也成为本书所探讨的核心观点之一。

所以，侯世达教授卓有先见之明的预测说：

如果智能包括学习、创造、情感响应、美的感受力、自我意识，那前面的路就还远，而且可能一直要到我们完全复制了一个活的大脑，才算是实现了这些。

以对"哥德尔不完备定理"的阐述出发，来思考人工智能，也许是一个不错的选择！你会发现它同时也是一件很有趣的事！

"哥德尔不完备定理"作为20世纪最重要的理论之一，它的提出堪称具有划时代的意义。该定理与塔尔斯基的形式语言的真理论，图灵机和判定问题，三者并称，被赞誉为现代逻辑科学在哲学方面的三大成果。其包含两部分的内容，即为：

第一不完备性定理：任意一个包含一阶谓词逻辑与初等数论的形式系统，都存在一个命题，它在这个系统中既不能被证明为真，也不能被证明为否。

第二不完备性定理：如果系统S含有初等数论，当S无矛盾时，它的无矛盾性不可能在S内证明。

该定理自提出那天起，就如同一个谜！让人遐想无穷！

埃里克·贝尔进一步将其定理概括如下，即为[1]：第一，对于在一定数量的可执行基本算法中，任何一致的形式系统F皆可能是不完备的。即F语言中的语句既无法证实F也无法证伪F。第二，对于在一定数量的可执行基本算法，任何一致的形式系统F本身都不能证明F的一致性。

它揭示出一种人类永远无法逃脱的悖论：缠结的层次结构。

这个源自于数学领域的定律精简化的含义为：本数学命题不可以被证明！它表明了自数学领域延伸出来的一个永恒的悖论：一个数学定理，其完备性与相容性不能兼具。这种缠结的层次关系无处不在。

---

[1] 埃里克·贝尔：《数学大师：从芝诺到庞加莱》，徐源译，上海科学教育出版社2004年版，第533页。

哥德尔不完备性定理，其影响力远远超出了数学领域。它不仅使数学、逻辑学发生革命性的根本变化，引发了许多富有挑战性的问题，而且延伸至哲学、语言学和计算机科学，乃至宇宙学。有关于宇宙学的"哥德尔不完备性"最具有影响力的学说莫过于霍金的 M 理论（又称"超弦理论"）。根据霍金的《哥德尔与 M 理论》，有网友[①]将 M 理论的发展历程简要阐述如下：

传统的牛顿理论认为，如果知道宇宙中粒子的位置和速度，就能计算出它们在过去和未来的位置和速度。

海森堡则通过哥德尔理论对此进行了反驳。他认为：我们不能同时测出粒子的位置与速度。这一学说的提出，无异于是给人类的无限遐想以沉重的打击。

而霍金则在此基础上，予以进一步阐释，说："海森堡'不确定性原理'可视为宇宙的一个基本特征，是世界的一个基本的、不可回避的性质。"

事实上，确实是"哥德尔不完全性定理"引发了霍金"宇宙超弦理论"的提出。这一理论告诉大家一个令人沮丧无比却又真实无比的事实，即：建立一个单一的描述宇宙的大统一理论是不大可能的。

几乎所有关乎人类起源或是关乎人类未来的学科都难逃"哥德尔定理"的制约。难怪，哥德尔本人会享有 20 世纪"最伟大的科学家"这一美誉。

（三）未来已至！我们何以应对

当然，在人工智能对经济、社会的发展产生很多正面影响的同时，不可避免的，人工智能在发展过程中，也势必会遇见到可能会产生对人

---

① "霍金纵论'哥德尔与 M 理论'"，http：//www.360doc.com/content/12/0302/14/4425240_191095030.shtml，访问日期：2019 年 5 月 15 日。

类安全、经济安全、社会安全、国家安全等各方面的负面影响，或者称之为危机或挑战。

对此，科技精英中的一小撮人已经具有前瞻性的预见到了人工智能未来发展可能会产生的样子或称面貌。这种发展可能会对人类安全带来新的挑战！甚至，有些科学家悲观地预测，如果未来人工智能能够作为独立"行为"，但是又缺少相应的自我道德约束，便构成了一个不完整的道德主体。到了彼时，对于人类来说，最致命的打击就是：人类自身的定义可能被重新改写。

所以，目前人类确实面临着这样一种处境（或许我们应该称之为困境）：一方面，在现实生活中，人类对人工智能的依赖度越来越强；而另一方面，人类也饱受人工智能应用过程中不断出现的高风险的困扰。这一纠结的关系，似乎同样也符合哥德尔不完备定律的缠绕关系。

以下几个例子均足以说明这些高风险的存在。

1978年，人类社会首次出现了机器人杀人的案件。

2010年5月，道琼斯指数闪电式崩盘，在三分钟之内，道琼斯指数下降了一千点，接近万亿美元的财富瞬间蒸发。

2017年10月，沙特阿拉伯政府授予了机器人索菲亚公民的身份，机器人公民或者称类人机器人出现。

2018年3月30日，美国亚利桑那州，一位女士在深夜穿行马路时被自动驾驶的汽车撞死，成为全球无人驾驶汽车的第一例肇事事故。

随着人工智能的发展，诸如此类的挑战，还包括：黑客恐怖的袭击等，都给人类安全造成了巨大的挑战。

所以，我们应当未雨绸缪，提前布局，提前在立法层面，在法律法规的层面，在标准的层面加以研判，准确地说是去加以预判。

2017年7月，国务院颁布了《新一代人工智能发展规划》。该规划特地对此问题予以了强调说明：（要）重视人工智能法律伦理的基础理论问题研究。规划指出，人工智能发展的不确定性带来（了诸多）新挑战。人工智能是影响面广的颠覆性技术，可能带来改变就业结构、冲击法律与社会伦理、侵犯个人隐私、挑战国际关系准则等问题，将对政府管理、经济安全和社会稳定乃至全球治理产生深远影响。所以，在大力发展人工智能的同时，必须高度重视其可能带来的安全风险挑战，加强前瞻预防与约束引导，最大限度降低风险，确保人工智能安全、可靠、可控地发展。

2018年9月17日至9月19日，"2018世界人工智能大会"在上海顺利完成各项议程，圆满落下帷幕。期间，习近平主席致信祝贺2018世界人工智能大会开幕强调共享数字经济发展机遇、共同推动人工智能造福人类，并在强调要处理好人工智能与其他各方面的关系时，将法律置于首位，足以看出法律对于人工智能发展的重要性。

习近平主席在贺信中指出，新一代人工智能正在全球范围内蓬勃兴起，为经济社会发展注入了新动能，正在深刻改变人们的生产生活方式。把握好这一发展机遇，处理好人工智能在法律、安全、就业、道德伦理和政府治理等方面提出的新课题，需要各国深化合作、共同探讨。中国愿在人工智能领域与各国共推发展、共护安全、共享成果。[1]

智能时代法律领域的新发展到底路在何方？现在我们还无从给予确切的回答。唯一确定的是：面对不确定的未来，必然到来之时，与其消极防御，不如积极应对！今时今日，关于"人工智能"本身的研究，已经呈现出缤纷的样貌。其相关课题的研究也不断涌现。我们唯有对我们自己的"智慧"以及"人工智能"双向了解，才能对未来多一分把握的应对。

无论如何，未来已至！

---

[1] "习近平致信祝贺2018世界人工智能大会开幕"，http://www.waic2018.com/item-detail.html? id=88，访问日期：2018年10月16日。

后　　记

　　本书尝试从法学的角度来审视当下的人工智能领域的相关研究，并主要从民法的角度对其存在的主体性或人格、无人驾驶、智力成果以及数据财产权等进行探讨。试图努力探求人工智能的本质和实质，并在此基础上来分析和论证作者较为关注的问题。从这个意义上而言，本书更多的是提出了一些问题，并尝试在自己的研究背景中来努力回答上述问题，尽管这些问题的提出和回答都是初步的，抛砖引玉式的，但这应有助于后续相关研究。

　　学术研究作为一种事业，向来都是有其持续性和系统性的。从这个意义上而言，我们不仅要关注已经获得什么知识，还要时刻关注未来人工智能及其各领域的运用对于法律所产生的影响，以及人工智能技术与现行法律规范的契合和融合。而这种影响和契合将是持续的和不断向前发展的，并面临各种不确定性和不完备性。因此，这构成了本书进行写作和持续跟进的内在动力。

　　当然，本书的构思和写作更多地来自我们三人的合作和相互支持，也来自知识产权出版社法律编辑部齐梓伊主任和唱学静老师的鼎力支持。他们敏锐地发现人工智能技术所给人类社会带来的影响和现行法律制度和法律规范体系带来的冲击，并给我们这样一个从事人工智能法学研究的机会。对于他们的提携和支持，我们心怀感激。

　　本书之所以能够成书，还要感谢袁曾博士和袁苇鸣编辑。袁曾博士是目前国内研究人工智能的青年才俊，在人工智能领域，尤其是在其

《人工智能有限人格权论》一文中，首次提出有限人格权论，并在国内法学界产生很大的轰动。他听说此书的写作计划后，非常乐意加入到本书的写作中来，并将《人工智能有限人格权论》一文进行修改完善，结合目前国内外相关研究进行了修改，大大提升了该文的质量和水平。与此同时，他也参与到了无人驾驶汽车等章节的构思和写作中。袁苇鸣编辑主要试图探寻人工智能到底是一种什么事物，试图从事物的本质来探寻人工智能对法学的影响，尤其是她在对现在人工智能存在的各种理论和学说进行分析基础之上，提出一些独到的见解。本书的整个构思和最后通稿是我来完成的，并结合最新的相关研究成果对本书的一些地方进行修改。当然，该书的完成，是我们集体的力量。在写作的过程中一定存在这样或那样的问题，恳请广大读者批评指正，我们将根据人工智能技术的发展和时代的需求持续地进行更新和完善。

孙建伟
2019 年 5 月